解説——埋れていた名著、ついに刊行

谷沢永一

歴史を説くとか、または民族を考えるとか、或いは伝統を案じるとか、ひいては国風習俗の特色を見抜くとか、実にさまざまの分野にわかれて、日本人論はこれまで盛大に論じ尽くされてきた。けれどもあらゆる角度からの念慮に基づいて、最も広角
用いつつ、情と理の均衡を保つ綜合的な視座を、独力で構築したのが山本七平
評論家としての素質に秀でること類い稀れな山本七平は、一切のややこしい
排し、面倒な専門語を操る偽善者《パリサイ》学派の、到底およばぬ突っ込みを見せた。
莫大な量にのぼる日本人論は、昭和四十五年、イザヤ・ベンダサン名義の『
ダヤ人』が刊行されるに及び、確然として第一期の行程を終えた。それまでの
跳ねたりの奇論珍論は、南博が『日本人論』（平成六年）で展望した要約を頼
ほどの物数奇な詮索に任せよう。確かにわれらが日本人にとって、昔も今も、
語って尽きない永遠の主題《テーマ》である。その分野にまっすぐ踏みこみ、現代人の感性
に訴えるという意味で、その出発にふさわしい仕切り線を、あざやかに示して一世を驚

倒させたのが、山本ベンダサンの三部作であった。『日本人とユダヤ人』（昭和45年）、『日本教』（昭和51年）、『にっぽんの商人』（昭和50年）は、それまで隠居の手あぶりみたいに静まっていた日本人を、改めてめざましく噴火させた貢献である。

それ以後、山本七平名儀の著作は更に夥しい。そのなかから日本人論の仕上げとしては、『日本的革命の哲学』（昭和57年）、『勤勉の哲学』（54年）、『現人神《あらひとがみ》の創作者たち』（58年）、『日本資本主義の精神』（54年）、『日本人とは何か』上下（平成元年）以上を以て五部作と称したい。

今ごろなぜわざと本の書名を挙げるのかと言えば、この八冊にすべてが語り尽くされているのであろうと思っていたのが誤りで、実は、山本流日本人学の真髄が、ながらく刊行されないまま眠っていて、今ここに漸く刊行の運びとなったのを、喜んで小躍りしているからである。普通、すでに物故した著作者の遺稿が刊行されても、そのほとんどは余熱であり但し書きであり言い残しであるから、生前からの愛読者にとって懐しくはあるものの、ほとんどは聞き覚えのある旋律《メロディ》の再生であった。本好きの玄人ならめったに手を出さない。

けれども本書はまったく違う。山本七平が前掲三部作の延長および帰結として、積年の我が主題《テーマ》を掘りさげ展開すべく、幸いにも世に響きわたったベンダサンの名で、雑誌『諸君！』の要請にこたえ、筆硯をあらたにして説きすすんだのが本稿である。この一巻は期せずしてベンダサン四部作の最終巻となった。舞台はオピニオン雑誌の創始として、世の俗論僻見偏説に、敢然と立ち向かって活気に満ちた雑誌である。執筆を我が願いとした業《わざ》であると心得る者にとって、なんらの掣肘《せいちゅう》もなく思い通りに書かせてもらえる事態にたちいたったとき、その意気込みに心が躍り、元気百倍の活性化はまた格別であったろう。

　この判定だけは間違っていないと信じるのだけれど、山本七平における生涯の主題《テーマ》の要《メイン》は、ただ一筋、日本人論、であった。

　いつも温顔で小声のさわやかな七平は、しかし、肚のなかでは、明治以来の厖大な日本人論のすべてをくつがえし、これこそまことの日本人論なりと、万人を納得させるに足る紙碑を、ひそかに、しかしかっきりと、打ち立て遺すべしと決意していた筈である。彼の全著作をじっくり通覧してみれば、その意志その願望その決意がありありと見てとれる。世に筆を執る者のほとんどは、胸のなかに触れれば火傷する程の、灼熱した磊塊《らいかい》を蔵しているものですよ。

主として詩人また歌俳の世界では、処女詩集また第一歌集や句集に、昔も今も人気が集中する。金子光晴のごときよほどの例外を除いて、実際に、最初の歌声の響きにこそ、生来の美質が集約されている場合も多い。評論家もまた然りである。山本七平は時が経つにつれ表現力では円熟したが、発想と論旨の基本は終始ほとんど変らなかった。だんだんよくなる法華の太鼓、という囃し文句があるけれど、年月を経て次第に成長する人は、生まれつき独創の才に欠ける型である。そのかわり出発点からしてすでに独創的な人は、年を経ても説得力が巧みになるだけ、主張や提言が新鮮に変貌することは稀れであった。山本七平は本来が正味の独創家なので、それがある程度の多作に走ると、楽曲《メロディ》は転生しないで和声《ハーモニイ》が熟するという傾きとなる。

すなわち、独創的な論説家は、世に顔を出した初期の段階に、実は最も栄養度の高い精髄を放出する。たとえば大宅壮一の真骨頂は、『文学的戦術論』(昭和5年)および『ヂャーナリズム講話』(昭和10年)に結集しているのであって、戦後に復活して評論界の家元となった時期、世相を卓抜な命名《ネーミング》によって感嘆させる穿《うが》ちの達人ではあっても、時代の表相を断ち割って、利刃《メス》を深く入れる執刀医ではすでになかった。前半生における批判の冴えと、後半生における反射神経の敏活とでは、似て非なる間隙《かんげき》が思いのほか大きいのである。

山本七平は、世を挙げて惜しまれた没年まで、もちろん懐メロ歌手とはならなかったけれど、その日本社会を見つめる眼差しが、炯眼《けいがん》から温眼へ、温眼から慈眼へと熟成していったのであり、眼光の発源帯の組成には、ほとんど地殻変動が見られなかったのではないか。生涯を努力と深化と熱中とを以て緩みなく貫いたとはいえ、七平のような独創家の骨太い思考においては、骨格と肉質に時間ゆえの変化がありえないのを常とする。

このたび漸く刊行の運びとなった『山本七平の日本の歴史』は、七平流日本人論の核心をよりすぐった総集編である。最初の着手であるから出発点の雄叫びではないのかと、怪訝《けげん》に問い返されるであろうけれど、しかし現実にはこの時期に、この長篇連載に、七平は生涯の主題をごっそりすべて、惜しみなく全力投球で展開している。結果として多岐に論じわたるこの一巻が、山本七平学の代表作となり精粋《エッセンス》となった。以後のめざましくあざやかな七平の執筆活動は、この五百数十頁に詰めこんだ論理と考察を、より行き届いた組み立てと広く豊かな語彙《ボキャブラリー》とによって、世の理解を深く広く求めるためのたゆまぬ苦行となってゆく。生涯の著作を蒐めた『山本七平ライブラリー』全十六巻が、山本七平という類い稀れな大河の、測り知れぬ広がりの流域であるとすれば、いま世に出ようとするこの一冊は、実はその大河の源流にほかならない。現下よくぞ刊行の運びとなったものよと、ひとしお懐古の詠嘆にふける思いである。

新聞雑誌《ジャーナリズム》と言い出版界と言う、航行における舵の取り方のまことにむつかしい、常に海図の与えられていない投機《スペキュレーション》の世界では、このように事柄が後先《あとさき》になったり覆《くつが》えったり、さまざまなかたちでの顛倒が珍しくない。ときに優曇華《うどんげ》の花が咲き、ときに芽が出ぬうち薹《とう》が立ち、西王母《せいおうぼ》が御機嫌を損ねる。或るひとつの著作が滞りなく世に出る行程に法則はない。すべては時世時節であり運であり成り行きである。けれどもいつかは密林の錯綜する繁みの間から、かすかにちらりと細く陽が射すであろう。執筆者は、それを願い望みとして信じるしか気の向け方はない。現に今、この本が姿をととのえて刊行されようとしているのである。

*

さて、次には内容の一端に立ち入ってみよう。この本は二部二十章から成る。すべては山本七平が半生を賭けて、胸奥に秘して暖めてきた、おのれのすべてを投じて見るところ考えるところ信じるところである。最初の頁から最後の巻末まで、どこを突いても七平の鮮血がほとばしる結晶体である。七平の著作が、もし声をあげて読者に呼びかけるとすれば、その絞りだすような言葉は、私を論じるのなら必ず全文を読んでからにしてくれ、という切実な訴えである。したがって彼の記すところ論ずるところの一片を切りとって、その主旨を問い返すのは非礼の謗りを免れない。

けれどもまた世を隔てた読者の特権は、著者の意に反するとは知りながらも、なお部分に執した言い立ての許しを求める我儘であろう。たまたま私の至らぬ性癖は、万事につけて綜合的思考の重みに耐えきれず、叙述のなかにとりわけ光る僅かな部分に、意識を集中してしか思いを述べることのできない些末主義である。負け惜しみに、神は細部に宿り給う、と小声で唱えて、細部偏重の傾き、と自称するのをお目こぼし願うとしようか。致し方なく今の私としては、第一部の、漱石の『こころ』を材料とした論述にこだわらざるをえないのである。

言うまでもなく『こころ』は小説である。そして小説とは、作品のなかに描いた内容について、作者が人格として世間に責任を負わない表現方法であることに留意したい。たとえば『こころ』(大正3年9月)刊行の二カ月前、戯文家の松崎天眠が『社会観察萬年筆』(大正3年7月)を出している。天眠の筆致が面白半分であること周知にしても、やはりこの本に述べられているのが、天眠の見解であると世間は受けとっていた筈である。そして『こころ』の登場人物が何を言おうといかなる遺書をしたためようと、それらが夏目金之助という人格に責任のある言説であると、当時も今も読者はそう読みとってはいない。

ここのあたりに、小説を材料に用いて現実の社会や時代や人間性を論じる手法の、甚だ宙ぶらりんのあやふやな危険性が潜んでいる。小説よりもっと時代に密着している歌謡曲の歌詞を論拠に、昭和の時代はこうこうであったと論じる人を、いまだ嘗て信用した人がないという事情を思い起こすべきである。問題、酒は涙か溜息か、この詞を分析して昭和期日本人の人生観を炙《あぶ》りだせ、なんて言われたら誰でも笑うでしょうな。恨みますまい此の世の事は、この歌が一世を風靡《ふうび》したのだから、当時の日本人の諦念は深刻であった、という大結論に落ち着くかな。小説にしても然り、『好色一代男』が元禄日本の男性の精神を象徴していると考える人はちょっとおかしい。

小説『こころ』の声価は絶大である。新潮文庫が戦後に再出発してから昨今まで、売上げの第一位が『こころ』、第二位が『人間失格』であると聞く。したがって、もし『こころ』を研究するとなれば、第一に、『こころ』のどこがなにゆえ大正昭和平成の読者に訴えたのか、ひとことで言うなら魅力の実体を推し測らねばならない。その参考資料として、第二に、『こころ』が連載され刊行された大正前期、当時の読者層はいかように読みとってどのように感動したか、を資料に即して調査する必要がある。そして出来ることなら、第三に、作者としての漱石が『こころ』執筆に当たって何を目指して工夫したかを推し測りたい。大体このような問題意識を以て『こころ』に臨むのが、ほぼ真当な姿勢であるのではないか。

しかし残念ながら山本七平は、そのような正攻法には遠慮会釈なく、一切の装備なくづかづかと『こころ』に踏みこんでゆく。それはそれで作品に対するひとつの姿勢ではあるのだが、書かれている作品の文面と、七平による理解および解釈との間に、両者をつなぐ論証という紐帯《ちゅうたい》がないから、そこでいったん蹴つまずいた読者は当惑せざるをえない。

そのぱっくり開いた空隙は、たとえば次の如くである。『こころ』の先生が墓に詣でる。すくなくとも墓を大切に思っている。ここまでは事実である。けれども七平が次のように書くのは七平の判断であって事実ではない。七平いわく、墓は「私」にとって死者であり、先生にとって死者である。墓が生きている、ということは死者が生きていることであろう、と。以上のこの畳みかける表現は、目に見える事実の認定ではなく、七平の頭のなかに生じた判断であり推定であり思いこみである。墓が生きている、という この一句のうち、墓は、と言うのは指示語であるが、生きている、と断定するのは比喩語である。大地震が起こって墓が動いたのではない。それでもまだ右の一句は、墓が、という指示語と、生きている、という比喩語との組みあわせであるから、一句のうち半分は目で見て手で触れる物体であるから、半分が実在で半分が想念である。というわけで、まず、実体プラス想念という一句をおく。そこへ読者を引っぱりこむ。そうしておいて、次にはぐいと前へ進み、死者が生きている、と断定する。こうなると、死者、も想念であり、生きている、も想念である。つまり想念プラス想念、という構造になる。すなわち、実在に引っかけた想念をあらかじめ出しておき、一応の雰囲気をかもしだしておき、次は想念と想念とを握り固めた団子を押しだす、という手法である。哲学とか思想とか名乗って出てくる論理は、東西南北共通に、この手で言葉をころがしてゆくのを常とした。つまり峨峨《がが》たる論理構成の足元の基底部分に、この種のきわどい詐術が隠されているのである。

右に一例を見たような手練手管に、最も都合のよい観点を、山本七平はさりげなく洩らした。つまり、すべての作品には白紙が挿入されている、という言い立てである。したがってこの俺様が白紙を埋めてくれよう。すなわち作品に書いてないことを、眼光紙背に徹して読みとってみせる、という御託宣である。尤もすぐそのあとで、この作品には「書かれざる楽章」はないし、「空白のページ」も皆無と見てよいであろう、と保証しているから、七平の態度は率直であるとも受けとれるし、或いはそれでも乃公《だいこう》はこれだけ読みとったぞ、と誇示しているとも受けとりえよう。

まるで初等学校における国語の授業のように、ややこしい言葉の詮索は迷惑であると、お叱りを受けるであろうこと御尤もながら、いかに見てくれの格好が悪くとも、ここで立ちどまっておかなければ、前へと進む足取りを踏みしめることができない。以上にちょっと試みた言葉の分類によって、世界のあらゆる論理体系では、いちばんの底がかならず空洞になっているという土地勘を、せめて共有していただきたいのである。山本七平は、「先生」は、「死者の位置」に立って、「死者の時」でこの世を眺めていることになる、という、この世にありもせぬ精神風景を持ちだすために、言葉を手玉のようにくるくるまわしながら、いかに無理を重ねているかを、見届けておきたいからにほかならない。

『こころ』の先生が、かりに百歩も千歩もゆずって、そういう奇妙な物の考え方をしているとして、それは真赤な嘘であるけれども曲げて本当であるとしよう。それだからと言って、次のように鉞《まさかり》を振りおろすような断乎たる断定ができるであろうか。山本七平いわく、日本人の著作を読む場合、彼らは常に「死者の時」を感じ、「死者の時」にたちうると信じ切っていたという事実を無視すれば、何も理解できなくなってしまう、と。

話がここまで飛躍すれば、もはや誇大妄想としか言いようがない。日本人の著作、だって。それを全部、隅から隅まで、読みつくすことができますか。七平のこの断言にも、実にかずかずの矛盾がある。また百歩千歩ゆずって、七平のこの理解がすべて正しいとしよう。そう仮定しても、ただちに次のような疑問が生じる。第一、国初以来、日本人にして書を読んだ者は、すべて七平が指示するような読み方をしてきたのか。もしそうであれば七平が今更こういう言い方をする必要もないではないか。勿論そうではないから、改めて七平が指摘しているのであろう。だとすれば、第二、古代から現代までの読者のうち、何パーセントぐらいが七平の言う通り正しく理解したのか。第三、ひょっとしたら正解者はひとりもなかったので、たまりかねた七平がただひとり独自の考え方で発言しているのか、この三問を突きつけられたら、さしもの七平も絶句する筈である。第一問に然りと考えるなら、七平の存在理由《レゾンデートル》は消滅する。第二問に答えるのは不可能である。日本列島二千年にわたる読書調査はありえないからである。第三問に然りと答えたら、山本七平は、我が国の二千年の歴史にはじめて出現した超天才であると自認し誇示する結果となる。さあ、それはどうかな。

という風に煮つめてゆけば、七平の、日本人の著作を読む場合の心得論は、論理としてまったく成り立たないことが証明される。

以上はいかにもこせこせした揚げ足とりのように見えるかもしれない。けれども世間に通用のいわゆる論理という叙述も、常識のナイフフォークでつついてゆけば、その正体が堅牢な建物ではないと、見きわめることのできる実験にすぎない。世の中にはわからないことが一杯あって、わかろうとする方が無理だという問題に満ちている。日本民族の特性なんて、そんなこと理屈で割りだすことができるものか。そういう論証することの不可能な難題が、一冊の本のなかで見事に解いてあるのではないかと、期待してのぞきこむ方が欲呆けなのである。ことに我が国では近年、日本民族は他のもろもろの国民とは異なり、格別の特色を先天的に持つ稀れに秀でた何とやら、という囃し文句の音頭をとる胴間声も聞える。御冗談でしょう。この広い地球に棲む数えきれない民族の行動を照らしあわせ、気の遠くなるような人類発生以来の歴史を勘案するなど、そういう検討が可能であるなどと、念頭に浮べる自惚れはどうかしている。

日本人論の本筋は日本人論ではない。つまり過去にさかのぼった系譜論は不可能である。日本民族の成育史を論じているつもりの論者は、自分が生きている時代における我が国でのちょっとした見聞を、針小棒大に膨張させ、一席弁じているにすぎない。われわれは自分の知らない時代や他国について考えることはできないのである。諺に、高望みするな、という意味で、棒ほど願うて針ほど叶う、と言う。世間に流行《はや》っている評論は、針ほども知らないくせに、棒ほどわかったつもりの駄弁である。学者や評論家たちが、自分の見聞だけをつつましく語るようになったら、世間はどれだけ静かになるだろう。

＊

山本七平の最高の傑作は、おそらくは『「空気」の研究』（文春文庫）である。こればかりは近代日本に指折りの名著と評すべきであろう。山本七平の真骨頂は人間学であった。人間学に基礎をおいているゆえに、この本は山本七平の日本人論の究極であり結晶である。日本歴史に対する七平の洞察も、所詮は昭和の日本社会をめぐる発想と考察に基づいている。人は自分が生まれて生きた時代の常識となっている枠組みから完全に脱することはできない。

私は晩年の山本七平に接し、その人柄に心から敬服した。そのものやわらかい肌ざわりになんと香気が感じられたことか。謙虚というような一沫のわざとらしさもない。人間にはなんらかの屈折したわだかまりがある筈なのに、山本七平には透明人間を思わせるほど、世俗の塵と湿気を寄せつけない清純があった。随所に主となる、という言葉だけ知っていた私は、山本七平に、はじめてその通りに生きている人物を見て感嘆した。人間臭いこの世の事情を、あれだけ柔軟に感知している人が、浮世から巧みに身を隔てている呼吸が見事である。すでにかなりの年輩であったが、もし史上の誰かにたとえるなら、おそらく顔回《がんかい》がこのような人物であったかと、その印象を今に改める必要を認めない。

けれども著述家としての山本七平には、やはり鎧兜《よろいかぶと》に身を固めてという気配を拭いされなかった。かならずしも彼が未熟だったからではない。それは一にも二にも時代のせいである。山本七平は大正十年に生まれた。この時代に生まれた好学の士にとって、学問をひとくちに哲史文という。つまり哲学と歴史と文学と、この三本柱が、この呼称の順に尊ばれていた。その八年後に生まれた私とは、勉強をとりかこむ屏のような囲いを異にする。

大正生まれの俊秀にとって、学問研究の軸芯は論理であった。侃侃諤諤《かんかんがくがく》の論理を操れなければ一人前《いっちょまえ》でない。論理には体系がなければならぬ。究極の目標は綜合である。そして確固たる史観が求められる。そこへ左翼から世界観という魔法の杖が持ちこまれた。山本七平の場合は神学の枠組みが加わったであろう。大正世代の出で立ちは、七つ道具を背にする弁慶さながらであったと見受けられる。

それゆえ生来は融通無碍《むげ》である筈の山本七平も、論理の構築に努めざるをえなかった。我れ思う、だけでは気がすまないし通用しない。何故《なにゆえ》にか、という問いに答えなければならない。そして大正期の学界はおしなべて、史実に論拠を求める資料探しの競争を生んだ。論証か、さもなくば史実を示せ。今となってはどっちもどっち、我が田に水を引く作業にすぎなかったけれど、保証がないとひとり立ちできないのが、昔も今も変らぬ学問の通弊である。

我が国では、体系、体系、とやかましかった。けれども学問の先進国であるロンドンでもパリでもウィーンでも、そんな固苦しい制服を着ない。体系尊重は、学問の後進国、ドイツのみで強制されるうるさい合言葉であった。方法、もまた然り、そして、世界観も、またドイツ特産である。我が国だけがそれを拳拳服膺《ふくよう》したにすぎない。史観はマルクス主義の専売特許であった。

この阿多福風邪《おたふくかぜ》ならぬベルリン風が、山本七平における述作の成りたちに大きく影を落している。難儀なこの理論武装から、正味の中味を抜きだしたとき、核として残るのが山本七平流人間学である。過度の文藝依存もまた解除すればよい。『こころ』の読解にこだわらず、そこから七平節を抜きだして読みとるべきであろう。

以前から、小説は風俗描写の部分から腐る、と言い伝える。それになぞらえて言うなら、論説は歴史を引いた部分から歪みを生じる。歴史に決定版はありえない。時代の推移につれて歴史の姿かたちは絶え間なく転変する。歴史を学問だと考えるのは錯覚であろう。歴史の史実に足をおくと称する立論は、蓮池の泥沼に突ったたって歌唱するほどに危いのである。

議論に辻褄が合っているかいるまいかは問題ではない。史実の裏づけがあろうとあるまいと気にする必要はない。要するに、或る立論が、われわれの知覚しうる範囲で、腑に落ちるか否かである。世には矛盾しないが当っていないという類いの議論が多すぎる。

この日本社会に生きてゆくための智恵、として中味の精髄のみを学びとるとき、山本七平の述作はかぎりなく示唆を与えてくれるであろう。

＊

〈編集部註〉底本は昭和四十八年一月号（一九七三年）から『諸君！』に二十二回にわたって連載された「ベンダサン氏の日本歴史」である。

上巻目次

【下巻目次】

第Ⅱ部　南北朝と天皇（承前）

第Ⅰ部

夏目漱石『こころ』に見る現代日本精神

一、人間関係からの無重力状態

竹林の薄明と『こころ』

数年前のことと思っていたが、思い直してみれば十数年前であった。私はヤルタに行った。所用でもなく保養でもなく、全く無目的の寄り道だといってよい。旅の面白味はこの無目的な寄り道にある。

当時はまだ日本人観光客の姿はなく、ホテル・オレアンダの新館はアメリカ人に占領されていた。その殆《ほとん》どがウクライナ出身のアメリカ人で、七十歳前後の老人が多かった。彼らの多くは大革命の際に故国を去ってアメリカに移住した人びとらしく、いわば「故郷に錦を飾った」わけであろう。もちろんそのすべてが金持と言えないまでも裕福であり、またアメリカ式生活が身についてしまっているので、由緒ある旧館を敬遠して、新館を占領していた。

翌日、この一行はバスでどこかへ行くらしかった。私は何気なく一行の後ろについてバスに乗った。着いたところは偶然、植物園であった。門を入ると正面に丸い花壇がある。一行はそこを右に折れ、私だけが左へ折れた。別に何というあてもなく、左右の木を眺めるでもなく、何かを考えるでもなく、足許の道に目を落しつつ、ただ私は歩いていた。

不意に何やら雨に似た音がした。目をあげれば前にややまばらな叢林《そうりん》があり、スプリンクラーが音もなくまわっている。どこかで見た植物である。私は立札を眺めた。ロシア語で「日本の竹」と書かれていた。瞬間、反射的に、「いや違う、何かの間違いではないか」と思ったが、子細に見れば確かに竹であった。

違うという印象をうけたのはほかでもない。何となくまばらという感じがしたからである。それは確かに「竹」であろう。しかし竹林ではなかった。このまばらな竹の林、その中に踏みこむことはもちろん許されないが、たとえ許されても私は入らなかったであろう。竹林はこういうものではない。竹林、それは独特の世界であり、おそらく日本にしかない世界であろう——といっても、私は中国の竹林は知らないので断言はできないが。

正確な地名はもう忘れてしまった。その昔、私は終日ただ一人で京都の近郊の竹林を歩きまわったことがある。ここは非常に不思議な世界であった。その光は常に薄明の如く、そのため物の形象がかえってはっきりとわかる。しかし先を見通すことはできない。周囲を見まわせば、自分の目のとどく限りは実に明晰《めいせき》でありながら、その視界はきわめて限られる。しかし、どこへでも行ける。人の行動をさえぎる下ばえも蔓《つる》もなく、倒れている枯れ竹は靴の下で簡単に砕けていく。空は見えない。しかし昼なお暗き深き森の無気味さはなく、葉の上に空のあることは明確に意識できる。日本とは竹林だ、これは竹林の国だ、それが当時の私の印象であった。

私は日本が、『沈黙』に記されたような「日本と申す泥沼」だと感じたことは一度もない。沼、無気味な沼、近よりがたく、うす気味悪く、一足踏み込めばすべてをのみ込んで、存在そのものを消してしまうような沼、という印象を私はもっていない。

逆に、すべては竹林の薄明のごとく一見まことに明晰であり、自由に踏みこむことができ、どこにも障害がなく、すべては静かで、疾風も怒濤《どとう》も砂嵐も烈日もない。すべてが温和である。それでいて、奥は見えず、道はなく、始点も終点もなく、自分の歩いた跡すら不明になる一つの世界、そういう世界、それが日本であり、その日本の空間を象徴するものが漱石の『こころ』であろう、と私は考えていた。そして、ヤルタの時も、それを思い出し、再びそう思い、ただ黙って、しばらくこの竹の林を眺めていた。文化の移植と竹の移植のことなどを考えながら。

スプリンクラーは静かにまわっていた。目の前にあるのは日本の竹であり、竹の林である。しかしそれは、あの「竹林の薄明」を生み出した竹林ではなかった。そして、私はふと思った。『こころ』という作品に「罪」という意識を持ちこむことは、竹林をわざわざ西欧的風土に移しかえ、罪の意識というスプリンクラーを回すことではないかと。『こころ』は漱石文学の入門書であるという。ただその構成と描写が余りに明晰で図式的であり、従ってその印象は強烈だが、主題が先にあってそれに従って作品が人為的に作られたという印象を与えるがゆえに、漱石の最高作とは言いかねる、というのが多くの文芸批評家の意見と思われる。私はこの意見に賛成しかねる考え方をもっているが、今はただ私にとっては、もしそうならその方が好都合であり、それなるが故にこの作品は、私にとって最も興味深いとだけのべておこう。

漱石はまず、彼の最も好む世界を作りあげる。それは欲望と日本的人間関係（いわば恩義）からの無重力状態ともいいうるし、この二つを細菌のある通常の世界の状態にたとえるなら、一種の実験用無菌人間を作ったともいいうるであろう。こういう人間はもちろん現実には存在せず抽象化された人間である。それを表わすかのように主人公にはすべて名前がない——私、先生、奥さん、お嬢さん、父、母、従妹、叔父。ただ友人だけは友人Kとなっているが、このKはあってもなくても同じである。そして名前があるのが「関さん」と「静《しず》」と「お光《みつ》」である。そして皮肉なことに、「関さん」は登場しなくともよいし、「静」と「お光」という名前は出てこなくともよいのである。

面白いことだが、漱石は、常に名前を嫌う。坊ちゃんにも猫にも「名前はない」。そして登場人物は両作品ともすべて渾名《あだな》と渾名に等しきものである。そして名前を嫌うという傾向は、『それから』にも『行人』にも見られる。なぜ漱石は名前を嫌ったか。私は、世界の文学を全部通読したわけではないが、このように名前を嫌い、極力、名前を使うまいとした作家は珍しいと思う。理由は前述のほかにいろいろと挙げられるであろうし、同じ傾向をもつカフカの場合との対比も興味深いが、今はそのことにふれず、少なくとも『こころ』の場合は、登場人物を、主人公を中心にある関係をもつ人間とだけ規定し、その人間に「名札」をつけることによって、別の規定が生じてはならないからであろう、としておくにとどめよう。これにも一種の竹林の薄明に似た明晰さがある。

そしてこの人間が、前述のように「欲望の無重力状態」におかれる。生存という人間の基本的欲望のため、額に汗する必要のある人物は一人も登場しない。この点では友人Kとて例外とはいえぬ。生存のための必要ということは、まるで重力のように、その人の意志とは無関係に、その人間をある状態に引き据えておく。しかし登場人物は、この重力から解放されている。一方、登場人物はすべて、この重力から解放された者が、別の遊星の引力に引かれてその方に吸いよせられて行くような欲望、果てしなき所有欲、名誉欲、支配欲からも解放されている。

さらに登場人物は、人間に必然的に課せられる義務、扶養の義務や養育の義務などからも解放され、さらに、「社会的生物」として負わねばならぬ義務、組織の一員としての義務、血縁から生ずる義務、さらに恩義・義理といった義務からも解放されている。見えざる強制により、否応なくなさねばならぬ行為は、すべての登場人物にない。この点ではまさに「実験用無菌動物」である。

それでいて、否それなるが故に、すべての登場人物が常識人なのである。日本の町を歩いていれば、どこででも会えそうな人びとであり、また会って話をすれば、すべての人が、物静かで常識的な紳士であろう。日本の新聞紙上に登場するさまざまの実在人物の中にも、ここに登場する人びとよりはるかに異常な、小説の主人公にふさわしそうな人びとがいる。従って、この登場人物はすべて、実在の日本人よりも常識的であるとさえいえる。

　劇的な要素は皆無であり、もちろん、ラスコーリニコフもラゴージンも、ゴリオ爺さんも、ジュリアン・ソレルも、ジャック・タアナもおらず、いわゆる日本の知識人に好かれそうな意識の高い人間は一人もいない。また、疾風も怒濤も狂乱もない。非常識な行為もなければ、物の怪に憑《つ》かれたような長口舌もない。竹林の静寂がすべてを包んでいるかの如く、語る言葉はすべて、そよ吹く風にささやく竹の葉ずれの如くに耳もとをすぎる。そしてKの自殺ですら、その範囲を出ていない。あらゆる執念はなく、人はただ、時の過ぎるのを見守っているかのように見える。その時さえ明確な区切りはなく、ただ薄明の時が、風に動く竹の葉の、時々かすかな明暗を地上に投げるような淡い変化とともに、静かに過ぎて行くように見える。

「私」と主人公「先生」との出会いも、まるで竹林における出会いのように見える。二人は全くその存在を相知らない。その二人が不意に鎌倉の海で出会う。そしてこの出会いの機縁は「先生」が一人の西洋人をつれており、その「白い皮膚の色」が「すぐ私の注意を惹《ひ》いた」からにすぎない。これはまるで、竹林を歩いていたら、一本の白い杭《くい》があった、その杭の傍らに「先生」がいたから目についたというに等しい。従ってこの西洋人は、物語の中に、二度と登場しない。

そして相会った二人は避暑客の気やすさから話をはじめる。そして二人は、相互に何の義務もなく、いかなる意味の取引関係もない二人の人間として、交渉をつづけて行く。もちろん交渉をつづけようとするのは「私」であり、「先生」には、何の積極性もない。しかし「先生」は近づいて来る「私」を強いて拒否もしない。そして「私」はごく自然にその家庭に接し「最も幸福に生まれた人間の一対であるべきはずです」と「先生」自らがいうその「一対」と相会うのである。

無重力状態にある無菌人間などは実際にはいないはずなのに、作中人物は非常に強いリアリティをもっている。その理由の一つは、作中の人物が正常な感覚をもっているからであろう。無感覚とは、実は狂気なのである。あらゆる対象に対して感覚を失い、完全に無感動になっている人間こそ、実は狂気に捕えられているのである。そういう狂気はこの作品にはない。

友人の自殺を全く無感動に眺められる者はいないし、自分の自殺した後の妻の悲しみを感覚できない人間もいない。「私」自身が、一つの感覚をもつがゆえに「先生」に近づき、同時に「先生」もそれを感ずるが故に近づくなと警告しつつも「私」を除外しようとせず、また「私」に遺書を託してよいことを感じている。

逆説的にいえば、無重力状態の無菌人間にしてはじめて正常な感覚をもち得るのであり、そしてそれによってすべてを明確に感じうる明晰さは、これもまた竹林の薄明に似ている。ここには騒々しい「思想」の主張もなければ、空の盃の献酬に等しい議論もない。そして「私」は、はっきり次のように言明している。

「私の眼に映ずる先生はたしかに思想家であった。けれどもその思想家のまとめあげた主義の裏には、強い事実が織り込まれているらしかった。自分と切り離された他人の事実でなくって、自分自身が痛切に味わった事実、血が熱くなったり脈が止まったりするほどの事実が、畳み込まれているらしかった」と。

確かに「先生」には何らかの思想がある。思想は知識ではなく、知識の集積でもなく、人の言葉の受け売りでもない。スピノザもマルクスもフロイトも、そしてアインシュタインも、知識の集積の残滓《ざんし》を再構成したのではない。彼らはその世界に生き、はっきりとその世界を「感覚」しているのである。同じ意味で「先生」は一つの世界をはっきりと「感覚」している。すなわち「味わった」のである。ただその「感覚」を言葉にはしていない。そして「私」は、それを知るがゆえに、「先生」から目をそらすことができないわけである。

「先生」はじめ登場人物の男性はすべて「やさしさ」と「含羞《がんしゆう》」を具えている。これは男性の特質であり、これを失ったものはもはや男性とはいえない。従ってここに登場する男性は真の男性であり、そしてこの物語は、真の男性のみが惹き起す悲劇であるといえる。

そこには寸毫《すんごう》の狂気もなく、ヒステリカルな症状もなく、深淵《しんえん》もなければ、泥沼もない。火のように燃え上る激情もなければ、冷徹氷の如き残酷さもない、またデモーニッシュなものはなく、狂えるが如き「祈り」もない。「祈り」がないとは「罪」がないことである。「祈り」と「罪」とは、実は同じものなのだが、こういう言い方自体が、おそらく日本では、奇矯《ききよう》な言葉と受けとられるであろう。

だがこの奇矯に受けとられること自体が「忘却」と「赦し」の違いという問題を含む。たとえばイギリス人のような「忘れてはいない、しかし赦す」という言葉は、日本の新聞が完全に誤解しているように、執念深い、ということではない。「忘れてはいない」

ということは、彼らは、自分の状態を語っているにすぎない。現実に「忘れていない」ことを「忘れた」といえば彼らにとっては虚偽であり、相手を欺いているにすぎない。「忘れていない」ことが事実ならば「忘れていない」といわねばならない。そして「忘れていない」が故に「赦し」という言葉がある。

しかし日本には「赦し」という言葉はない。現実には「忘れていない」のに「忘れた」と仮定すること、それが日本人の通常の行き方であり、ここに、日本人独得の「時間」がある。

日本人の「時間」を抜きにしてこの問題を論じても、それはただ誤解に誤解を重ねるだけであろう。そのことは「時間」を無視して、『こころ』を論ずれば、これと全く同じ誤りに陥ることにほかならない。従って『こころ』の空間の次に『こころ』の「時間」を振返ってみなければなるまい。

「流れ」の時間と『こころ』

「私」と「先生」の海での出会いは、本当の出会いの序曲にすぎず、二人の真の出会いは、Kの墓で起ったというべきであろう。「私」をそこへ導いたのは「奥さん」であり、ここに「私」「先生」「奥さん」「K」という四人の主人公が顔を揃《そろ》えたわけである。そしてその日の会話は「先生」と「私」の「あすこには私の友達の墓があるんです」「お友達のお墓へ毎月お参りをなさるんですか」「そうです」で終わる。

日本人の「墓」に対する考え方は、前にも『文藝春秋』で少し触れたが、非常に興味深い。この物語の主人公の一人は「友人K」よりもむしろ「友人K」の墓であり、同時にこの墓が象徴する日本人の「時間」である。そして時間とは生き方であり、倫理である。

先に私はこの作品の空間を「竹林の薄明」にたとえ、これが日本人の空間を象徴しているように思われるとのべたが、それなら「忘却」を支配する時間、その時間に抵抗しているように見えるこの作品の「墓」、その背後にある「時間」は何にたとえたらよいであろうか。漱石はもちろん「ある時間」の中にこの作品の主人公たちを置いたはずである。そしてその時間は、日本教の伝説的な「時間」、あの『方丈記』の「流れ」の時間であろう。記すまでもないと思うが、冒頭の有名な一文を次に引用しておこう。

ゆく河のながれはたえずして、しかも、との水にあらず。よどみにうかぶうたかたはかつきえかつむすびて、ひさしくとゞまる事なし。世中《ヨノナカ》にある、人と栖《スミカ》と又かくのごとし。たましきのみやこのうちに棟《ムネ》をならべ、いらかをあらそへるたかきいやしき人のすまひは世々をへてつきせぬ物なれども、是をまことかと尋ぬれば、昔しありし家《イエ》はまれなり。或《アル》はこぞやけてことしは作り、或《アル》は大家《オホイエ》ほろびて小家《コイエ》となる。すむ人も是に同じ。ところもかはらず、人もおほかれど、いにしへ見《ミ》し人は二三十人が中にわづかにひとりふたりなり。朝《アシタ》に死に、夕《ユウベ》に生るゝならひ、たゞ水の泡にぞ似《ニタ》りける。不レ知、うまれ死ぬる人いづかたよりきたり、いづかたへか去る。又不レ知、かりのやどり、たが為にか心をなやまし、なにゝよりてか目をよろこばしむる。そのあるじとすみかと無常《ムジョウ》をあらそふさま、いはゞあさがほの露にことならず。或《アル》は露おちて花のこれり。のこるといへどもあさ日にかれぬ。或《アル》は花しぼみて露なほきえず。きえずといへども、夕《ユウベ》をまつ事なし。

以下に私が記すことは、あるいは鴨長明《かものちょうめい》の意に副わぬかも知れぬし、また「批評」という点では無価値かも知れぬ。しかし私がすぐここで感ずることは、「行く河」の「時間」と、これを見ている鴨長明の「時間」という問題である。鴨長明は確かに「行く河」の岸辺に立っているはずなのだ。彼は「よどみにうかぶうたかた」の中に住んで、時間とともに、流れているはずがない。もしそうなら「人と栖《すみか》」が「うたかた」に見えるはずはない。ところが非常に不思議なことに、鴨長明が見ている時間は「過去」から「未来」へと流れているのである。と同時に、立っている鴨長明自身の時間は、未来から過去へと流れているはずである。

これが彼の「時」であろう。上流に見えた「うたかた」は過去であり、彼の目の前にきたときが「現在」なら、流れ去って行く先は「未来」のはずである。時は過去から未来へと流れても、未来から過去へと流れてはいない。この時間、もしくは「時間感覚」は非常に興味深い「時間」といわねばなるまい。こういう「時間」には「終末」という概念は入りえない。なぜなら、時間が未来から過去に流れ、その時間の中に立っているものにのみ、「終末が来る」ということ、すなわち時がいずれある瞬間を運んで「来る」ということはいいうるであろう。その瞬間を「待つ」という形で、その瞬間が来る前からそれに生きることはなし得られるであろうが、鴨長明の時間には、それは起りえない。そしてそれは、日本人の思想のすべてが、過去を未来に追うという形でしか表わしえない理由であろう。それは「物まね」とも「思想」ともまた別のことである。漱石が心底にもちつづけた一種の恐怖は、この「時間感覚」への恐怖であったと思う。

鴨長明も「先生」も共に隠者といえるであろう。二人の過去には、ある種の共通点があり、二人の「時間」は文字通り共通している。異なる点といえば、鴨長明に墓がなく妻がないことであろう。しかし共に「門を杜《ト》ぢ、交を息《ヤ》め」ている状態である。

この二人は「隠者といえる」かも知れないが、果して隠者であろうか。一体、隠者とは何であろうか。いや隠者が生きる「時間」は、果して二人の「時間」と同じであろうか。なるほどイスラエルにも隠者はいた。日本人にも知られているであろう、ヨセフスの記すバヌスも、新約聖書の洗礼者ヨハネも、共に荒野で一人住み、蝗《いなご》と野蜜を食していた。しかし彼らは、隠者であっても「世捨人」ではなかった。彼らの時間は文字通り未来から過去へと流れ、来るべき終末の時と、その時のための準備を説いたのであった。そして何よりもまず彼ら自身がこの「時」の中に生きていた。

時間が過去から未来へと流れると感ずることは、汽車は動かず汽車の窓外の景色が後方に飛ぶと感ずることに似ている。この場合、窓外の景色が後方に飛ぶと見ることは誤りで、汽車が前方に進んでいると考えることが正しい、という言葉が無意味なことは、何も相対性原理を引合いに出す必要はあるまい。従って、時間という「流れ」の岸辺に立つと感じている鴨長明にとって、時間が、未来から過去へと流れずに、過去から未来へと流れているからといって、これを彼の誤りという権利はだれにもない。彼がそういう時間に生きていたのなら、それは疑いもなく彼の「時間」である。そしておそらくこれは、日本人の隠者の「時間」であり、クローノス（時）は、目の前を過ぎ去って行くのであろう。クローノスが目の前を過ぎ去るのは、普通の日本人にとっては墓の直前で、意識的に墓に入ったときであり、そういう人の生涯は、その時までは過去より未来へと流れる「流れ」よりも早く走ることによって、すなわち未来へと流れる時間の先に立ち、その時間を自己背後に置くことによって過去と見ることであった。油断をすれば「時間＝時代」は自分を追い抜いて、過去が自分の未来となり、自分は「時代」に取り残され、自分の未来に過去を見る、という形になる。未来に過去が見えれば、確かにそれは、その人にとって一種の「終末」であろう。「先生」はすでに墓をもち、自分の未来には過去が見えていた。未来に過去を見まいとして走る恐怖は、『行人』の「時間」にも現われている。

「先生」はあくまでも、人を、この「時間」すなわち過去から未来へ流れる時間の中に置いている。それはちょうど、映画館に入ったような状態であろう。映画館の中にいる

「時」は、その人にとって、入った時が過去であり、来るべき出るときは未来のはずである。すなわちその人にとって、時間はあくまでも未来から過去へと流れている。一方画面の時間は、あくまでも過去にはじまり未来へと流れている。そして「先生」は、自分に近寄るすべての人間を、この関係におき、その人間も画面において、過去から未来への時間におく。「先生」は「私」に次のように言っている。

「かつてはその人の膝《ひざ》の前にひざまずいたという記憶が、今度はその人の頭の上に足を載せさせようとするのです。私は未来の侮辱を受けないために、今の尊敬をしりぞけたいと思うのです。私は今より一層淋しい未来の私を我慢する代りに、淋しい今の私を我慢したいのです。自由と独立と己《おの》れとに充《み》ちた現代に生まれた我々は、その犠牲としてみんなこの淋しみを味わわなくてはならないでしょう」

時間が未来から過去へ流れれば、未来すなわち「未だ来たらざる時」は未知である。しかし時間が過去から未来へと流れれば、未来は既知であり、未来を見れば、そこに「過去」が見えるのである。従ってこういう時間に生きる日本人が「こうなれば、必ずこうなる」と言っても不思議でない。「私はこうするであろう」もなければ「あなたはこうするであろう」でもない。「必ずこうなる」のである。確かに日本人にはそういえるはずだ。従って日本語の時制が不明確だという考え方は正しいとはいえまい。その人がその時間に生きているなら、それはその人の時間だからである。――時間が過去から未来へ流れれば、「起ること」とは実は「すでに起ったこと」だからである。これは法則をもって未来を予測しようとすることとは別のことであり、「必然」という概念とも別のものである。「必然」は「証明」を要請する。しかし「先生」は証明を必要としていないし、「私」もそれを求めてはいない。だがこの状態は果して「自由と独立と己れとに充ちた現代」に生れたがゆえに味わわねばならぬ淋しさであろうか。おそらくそうではあるまい。

鴨長明伝（山田孝雄氏の修補と訳出による『大日本史巻二百二十五』の伝文）には、次のような一文がある。

初め藤原俊成千載和歌集を撰進せるとき、長明の歌を採ること僅に一首のみ。長明喜んで曰はく、我れ歌人の後に非ず、身亦才有るに非ず。而して勅撰集中に採録せらるるは豈に至栄に非ずや。

長明はなぜ喜んだか、おそらく「未来の侮辱を受けないために、今の尊敬をしりぞけ」得たことを喜んだのであろう。とすればこれは現代だけのこととはいえまい。そしておそらくこの言葉は、日本教の「時」と「倫理」とを結ぶ言葉であろう。前述のように「時間」と「倫理」とはもちろん、いずれの思想であれ、切り離して考えることは出来まい。とすれば、「先生」の生きている「時間」はどう解すべきであろうか。

それを解く鍵は「墓」であろう。「先生」にとっては「墓」は生きているのである。生きているとは「時間」の中にいることであろう。「先生の頭の中にある生命《いのち》の断片として、その墓を私の頭の中にも受け入れた。けれども私にとってその墓はまったく死んだものであった」と。と同時にそれは「二人の間にある生命の扉をあける鍵にはならなかった。むしろ二人の間に立って、自由の往来を妨げる魔物のようであった」と。その通りであろう。墓は「私」にとって死者であり、「先生」にとって生者である。死者と生者は、自由に往来できるわけはない。

墓が生きている、ということは死者が生きていることであろう。時間が過去から未来へ流れる者にとって死者が生きているのは当然であろうが、同時にこれは、死者が生者にこのように時間を流れさすのだといえる。というのは、時間の外に立つ者があるとすれば、その者こそ死者であるはずだからである。ということは、「先生」は死者の「時」を生きているわけである。先生の言葉はすべて、要約すれば「私は、死者の『時』を生きている人間です」ということであろう。そしてこれが、漱石が「先生」を欲望と社会的諸関係の「無重力状態」にある一種の実験用「無菌人間」という状態においた理由であろう。死者の時を生きる者があれば、確かにこういう状態にいるはずである。「死者はいつまでも若い」——「先生」はいつまでも若い、そして皮肉なことに、「先生」を若くしているのは、「死者の時」である。

しかし先生は死者ではない。従って「先生」にも、生物学的時間ともいうべき「時間」があるはずである。しかしこういう時間は「植物人間」にもあるのであって、少なくともその時間は、「先生」の時間ではない。それでいて、「先生」にとって「この世」という時間は、どこかで「死者の時間」とつながるのである。一体、死者と生者をつなぐものは何であろうか。遺書と遺産であろう。

『こころ』の遺書

すべての作品には白紙が挿入されている。極端な例をあげれば、ヘンデルのあるオルガンの曲のように、第一楽章から第三楽章へとぶものもある。もちろん、第二楽章が「ない」のではない。ヘンデルはこの部分を即興的に弾いたはずだ。従ってこの書かれざる第二楽章をどのように弾くかで、すべての演奏家は試されねばならない。ここが弾けなければ、その人はヘンデルを理解したということはできない。これはすべての作品に共通している現象であって、音楽だけに起る現象ではない。もちろん、理解の仕方は、その演奏家によって異なり、またその演奏の時によって異なるであろう。異なるが故にその人がその人であり、その時がその時であるわけだが、こういう現象は、もう一度言うが、何も音楽に限らない。すべての作品に起る現象である。演奏家はインタープリターである。そして楽符は、通常、このインタープリターなしに、音楽とはなりえない。しかし楽符を見て、すぐその音曲を頭の中で、ということは自分の世界で再現しうるものは、それを他人に聴かす技術は持たなくても、その曲の自己自身への演奏家である点では、変りはない。そして、彼が、そういう状態で空白の第二楽章を聞きうるなら、その人はその人として、その時に、ヘンデルを理解したと言いうるであろう。
一つの作品を「読む」ということも、原則はこれと同じであり、人はその空白のページを読みつつ、読むわけであろう。このことはいわゆる「行間を読む」ことと同じでない。自分で埋めることが許されるのは「空白」のページであって、行間でも字間でもない。

作品によっては、多くの「空白」のページがあるであろう。しかし『こころ』は、この「空白」が皆無か、また皆無と思いうるほど少ない作品である。もっとも漱石は、少なくとも日本の作家の中では、この空白の最も少ない作品を書いた人であり、それが私にとって魅力であることは事実である。ただ私にとっての魅力が、他の人びとには欠点と映ることもあるであろう。従って「余韻、余情がなさすぎ」「ひどく理屈っぽく、ギスギス」し「主題があまりはっきり明示されて」おり、そのため「まず、主題が先にあって、作品そのものが、その主題を中心にすべて都合よく、あまりにうまく人為的につくり上げられているような印象を与える」という批評に、私は異論をさしはさむ気はない——ただし、主題が明確だというのは誤解だと思うが。しかし私はその理由を、技巧の問題とは考えない。漱石のこの作以前の作品を目に通せば、「余韻、余情」を残すことが、漱石にとって、技巧的に不可能であったとは思えない。おそらく、漱石自身が、この作品の「余韻、余情」を拒否したのであろう。従ってこの作品には「書かれざる楽章」はないし、「空白のページ」も皆無と見てよいであろう。従って漱石は、この作品にない言葉は、一切挿入してはならないと宣言していると見るべきである。言葉の通りに自らのうちに演奏すること以外は、一切を拒否する作品であり、その点ではまことに「ギスギス」している。しかし私は、それを欠点とは思わない。

というのは、ほんのわずかの隙《すき》があれば、読者はこの作品に、ありとあらゆる言葉を挿入し、あらゆる解釈が可能だからである。罪、罪の意識、贖罪、告白等々々にはじまり、キリスト教によれば、マルクスによれば、フロイトによれば、等々に至るまで、まるで、その言葉をもってくればすべてが解決するかのように人びとが思い込んでいる言葉、そういう言葉、そういう解釈を、行間・字間に挿入されれば『こころ』は『こころ』でなくなってしまう。漱石はまるで、隙あらば入りこもうとするそういう言葉を、絶対に入れまいとしているかのように見える。その面ではこの作品は、あらゆる解釈を拒否している作品である。

登場人物のすべては、いわゆる「思想家」ではない。「先生」も「友人K」も、思想家とも主義者ともいうわけにいかない。従ってだれ一人として偽善者でも偽悪家でもなく、偽善的な口も偽悪的な口もきかない。自分は「ある主義者」であるからかく言わねばならぬ、といった低劣な意識を持った人間は皆無である。「何々の立場に立っていえば……」とか「何々によれば……」とか「私の立場ではこうとしかいえない」とかいう、尽きることなき「愚者の饗宴」の会話は、ここには一切ない。借り物の思想、それに基づく愚かな自説の固持、説得という名の強談威迫、それから生ずるあらゆる意味の干渉と自己顕示等々は、すべて排除されている。従ってこの作品はその面でも、借り物の思想をもって解釈すること、いわば下手な「変曲」をすることを、絶対に許していない。

そして作中の人物はすべて、読者が自分を、作中のいずれかの人物に自らを仮託することを頑なに拒否している。読者は作中に入ることはできない。従って作中の一人物になったつもりで、この作品を解釈することも許されない。「先生」は最後まで、読者が近寄ることも拒否し、絶対に安易な同類感を抱かせない。従って「先生」は、「わかる、わかる、先生の気持はよくわかる」という相づちを打たせないのである。そしてそれを打たせまいとすることが、一つの魅力となって、まるで「私」が「先生」に惹かれるように、読者はこの作品にひきつけられていく。これは真に偉大な才能をもった作家にだけできることであろう。

「先生」は「死者の時」を生き、時間は過去から未来へと流れている。こういう人が何かを語るとすれば、それは遺書しかない。遺書は「死者からの書」であり、しかも、それが「私」の手に入ったとき、すなわち遺書がはじめてこの世の「時間」に入ったとき、先生はすでに死者である。言うまでもなく遺書は、質問を拒否し、対話を拒否し、生者がこれに手を加えることを拒否する。一言の加筆も、一語の削除も生者には許されない。いかにその内容が不合理であれ、いかにそれが糾弾さるべき罪責に満ちていようと、まいかにそれが虚偽に満ちていようと、また真実そのものであろうと、人はこれに対してなすすべがない。ただそれは、そのまま受けとらねばならない。

「私」は、「先生」を知る唯一の人ともいうべき「奥さん」にこの遺書を見せることを禁じられている。しかも「先生」は、自らを自然死の如く見せかけて死ぬという。はっきり言えば「私は自分の妻を永遠に欺き通す」と「先生」は宣言しているわけである。これは懺悔《ざんげ》とは言えない。しかも「先生」は妻を永遠に欺き通すことを条件に、「私」に遺書を送っている。それは、この遺書を見た者にも、「奥さん」を永遠に欺き通す義務を課しているわけである。

では「先生」は一体なぜこの「遺書」を書いたのであろうか。「先生」は次のように書いている。少し長いが引用しよう。

……私は書きたいのです。義務は別として私の過去を書きたいのです。私の過去は私だけの経験だから、私だけの所有と言っても差支えないでしょう。それを人に与えないで死ぬのは、惜しいとも言われるでしょう。私にも多少そんな心持があります。ただし受け入れることの出来ない人に与えるくらいなら、私はむしろ私の経験を私の生命《いのち》とともに葬った方がいいと思います。実際ここにあなたという一人の男が存在していないならば、私の過去はついに私の過去で、間接にも他人の知識にはならないで済んだでしょう。私は何千万といる日本人のうちで、ただあなただけに、私の過去を物語りたいのです。あなたはまじめだから。あなたはまじめに人生そのものから生きた教訓を得たいと言ったから。

私は暗い人生の影を遠慮なくあなたの頭の上に投げかけて上げます。しかし恐れてはいけません。暗いものをじっと見つめて、その中からあなたの参考になるものをおつかみなさい。私の暗いというのは、もとより倫理的に暗いのです。私は倫理的に生まれた男です。また倫理的に育てられた男です。その倫理上の考えは、今の若い人と大分違ったところがあるかも知れません。しかしどう間違っても、私自身のものです。間に合せに借りた損料着《そんりょうぎ》ではありません。だからこれから発達しようというあなたには幾分か参考になるだろうと思うのです。

あなたは現代の思想問題について、よく私に議論を向けたことを記憶しているでしょう。私のそれに対する態度もよくわかっているでしょう。私はあなたの意見を軽蔑《けいべつ》までしなかったけれども、決して尊敬を払いうる程度にはなれなかった。あなたの考えには何らの背景もなかったし、あなたは自分の過去をもつにはあまりに若過ぎたからです。私は時々笑った。あなたは物足りなそうな顔をちょいちょい私に見せた。その極《きょく》あなたは私の過去を絵巻物のように、あなたの前に展開してくれと逼《せま》った。私はその時心のうちで、はじめてあなたを尊敬した。あなたが無遠慮に私の腹の中から、ある生きたものを捕《つら》まえようという決心を見せたからです。私の心臓を立ち割って、温かく流れる血潮を啜《すす》ろうとしたからです。その時私はまだ生きていた。死ぬのがいやであった。それで他日を約して、あなたの要求をしりぞけてしまった。私は今自分で自分の心臓を破って、その血をあなたの顔に浴びせかけようとしているのです。私の鼓動が停《とま》った時、あなたの胸に新しい命が宿ることが出来るなら満足です。

「先生」は彼に遺産を贈っているのである。自分の「生涯」という遺産、それが贈られる「私」にとって価値あるものかがらくたか、それはわからないが、その中から価値ありと判断したものを取れ、と言っているのである。「先生」は、なぜ「私」にそう言ったか。「……あなたは私の過去を絵巻物のように、あなたの前に展開してくれと逼った。私はその時心のうちで、はじめてあなたを尊敬した。あなたが無遠慮に私の腹の中から、ある生きたものを捕《つら》まえようという決心を見せたからです。」と先生はいう。

一体これが、懺悔とか告白とか言いうるであろうか。神の前であれ、人の前であれ、あるいは大自然の前であれ、人が内心の重圧に耐えかねて何かを叫び出すことを告白というなら、そしてその重圧を「罪の意識」と呼ぶなら、「先生」にはそういうものはない。「先生」ははっきりと言っている。

「私の過去は私だけの経験だから、私だけの所有と言っても差支えないでしょう。それを人に与えないで死ぬのは、惜しいとも言われるでしょう。私にも多少そんな心持があります。ただし受け入れることの出来ない人に与えるくらいなら、私はむしろ私の経験を私の生命とともに葬った方がいいと思います」と。これは明らかに告白ではない。むしろ貴重な遺産を遺贈しようと言っているのだ。たとえば、すばらしい美術品をもつ人が、本当にそれを評価できる人があるなら遺贈するが、もしそういう人が見つからないなら、ともに棺に入れてほしいと言っているに等しい。幸いそういう人がいた。そこでその人に贈る。従って「ここにあなたという一人の男が存在していないならば、私の過去はついに私の過去で、間接にも他人の知識にはならないで済んだでしょう」と。「先生」は、自分の生涯を「私」に遺贈しているのであって、告白をしているのではない。「先生」にとってその生涯は、貴重な唯一の遺産であっても、告白によって贖《あがな》わるべき罪ではない。

罪という言葉の原意は負債である。負債とはその昔は奴隷とされることであった。すなわち債務奴隷である。従って罪の意識とは、罪という負債により奴隷化されてその重圧下にいるという意識であり、従ってこれよりの解放は、「身の代金」を払って奴隷状態を脱する以外に道がないのと同じように、「罪という奴隷状態からの買いもどし」しかないという考え方になっていく。これがいわば「罪の意識」と「贖い」（買いもどし）という考え方の基本的な図式である。贖罪とか懺悔とか告解とか祈りとか救いとかいう言葉はすべてこの図式の下に考えられねばならない。こういう考え方と、「先生」の遺書にある「自分の生涯」を遺贈するという考え方の間に何か共通点を求めようか。求めえない。もし「罪の意識」という言葉を『こころ』に持ち込むなら「先生」は「私」に負債を押しつけてこの世を去ったことになるであろう。もちろんそういう意識は「先生」にも「私」にも漱石にも皆無である。

これは、「先生」と「私」の生きている世界が、西欧とは全く別の世界であることを示している。漱石自身が拒否している言葉を挿入することによって、両者の安易な同類化や比較を行なって何かを理解した気になれば、かえって何もかもわからなくなってしまうであろう。

『こころ』の遺産

言うまでもなく、この作品の主要部分は「先生の遺書」であり、それまでに記された経緯は、この遺書のための導入部にすぎないとさえいえる。この遺書は前述のように、実は、遺産なのである。「先生」は、その生涯を、遺書という形の財産目録にして「私」に贈ったわけである。

自分の生涯を遺産として贈りうる、という考え方は、おそらく日本人に共通した考え方であり、この考え方が非常に明確に出ているのが内村鑑三の『後世への最大遺物』であろう。高尚な生涯を遺産として子孫に贈る、という考え方は、自己の生涯を子孫のため蓄積するという考え方であり、これは簡単にいえば、子孫のために高尚に生きるということであろう。

一体「名を残す」という考え方と「生涯を遺《のこ》す」という考え方に、どれだけの差があるであろう。私の考えでは、両者の間に差はない。「名」とは「生涯」であり、名が生涯であるが故に、漱石は「先生」の名を記さなかったともいえよう。すなわち「遺書」が「先生」の名であり、「私」はその「名＝生涯」を、遺産として遺贈された者である。

この作品は、まず遺産相続の問題から始まる。「先生」は、その母の遺言を無視した叔父に遺産を横領された。次に遺書が来る。友人Kから「予期通り私の名あてに」なっている遺書を受けとる。ついで「私」の父の近づいた死から「私」の遺産が問題となり、その次に「先生」の遺書が来て、その遺書から、それが「先生」の生涯という遺産の「財産目録」であることを「私」は知る。遺言・遺産・遺書・遺産・遺書・遺産でこの作品は終る。簡単にいえばこの作品は遺書と遺産が主題であり、それが交互に出てきて、登場人物のすべては、遺書を送るためと、遺書を受けとるためにのみ存在しているように見える。従ってまず、遺書と遺産を明確に規定しなければ、この作品を扱うことはできないはずである。一体、遺書とは何で、遺産とは何であろうか。

言うまでもないことだが、遺書と遺産は同じではない。逆であって、両者は全く相反する性格をもっている。遺書は絶対にこれに手を触れることは許されない。だれかが手を触れれば、それはもう遺書でなく偽書である。

一方遺産は、相続者が自由にこれを処分しうる。処分できないならば、遺贈したとはいえない。贈ったということは贈ったものの所有権の放棄であり、贈られた者の所有権の取得である。確かに遺産の相続に条件をつける場合はあるが、この条件とはすなわち遺書であるから、これは、遺書と遺産の併存と解すべきであろう。従って、ただ「遺産」という場合は、あくまでも贈られた者の自由処分の権利を前提としている。従って一人の人間が残した生涯を遺書と見るか遺産と見るかは、決定的な差といわねばならない。

「先生」は、その「生涯」を遺産として「私」に贈り、「私」による自由処分を許したが、ただ一つ、それには条件がついている。それは「先生」の妻に知らせてくれるな、ということであった。次に引用するその部分は、確かに遺書といえる。

私は私の過去を善悪ともに他《ひと》の参考に供するつもりです。しかし妻だけはたった一人の例外だと承知して下さい。私は妻には何にも知らせたくないのです。妻が己れの過去に対してもつ記憶を、なるべく純白に保存しておいてやりたいのが私の唯一の希望なのですから、私が死んだあとでも、妻が生きている以上は、あなた限りに打ち明けられた私の秘密として、すべてを腹の中にしまっておいて下さい。

一体、人間にとって、一人の人間の生涯を遺産として贈りかつ受けるということが可能であろうか。夏目漱石と内村鑑三という、おそろしく、近代日本を代表する二人の日本人が、揃いも揃って、「生涯を遺産として贈りうる」ということを自明の前提とし、それを全然疑っていないのはなぜであろうか。確かに二人は、それを全く疑っていないのである。もし疑えば、『後世への最大遺物』はもちろんのこと、『こころ』も生れなかったはずである。

では二人に向って、「あなた方は何を根拠に、人はその生涯を遺贈できる、と考えたのか。できるという保証がどこかにあるのか」と問うたら、二人は何と答えたであろうか。おそらく何も答え得なかったであろう。人は、その人が、当然自明のこととしている前提、いわば無意識の前提には答え得ない。なぜならそれは「信仰」だからである。そして、二人は理由もなく、ただそう信じており、信じているが故にそれが可能なのである。そして、無条件で「ただ信ずる者」には「救い」があるなら、確かに二人にも「先生」にも「救い」があるであろう。そしておそらくこれが日本教の「救い」の一要素であろう。

自分の生涯を一つの遺産として贈りうるには、確かに、「時間」が過去から未来へと流れねばならない。これも一つの無意識の前提であろう。しかし前提はそれだけではあるまい。自分の生涯を、自分から独立した一つの客体、すなわち一種の財産＝所有物と見ない限り、この考え方は出てこない。そしてこれは、自分が自分を所有しているということ、「自分」の所有権は自分にある、という考え方である。従って自らの手で「自分」を生前に遺贈することも出来るはずである。著名な日本のキリスト教神学者の信仰の定義「信仰とは神の前に身を投げ出すこと」は、結局、「自分」の所有権は自分にあり、従ってこの「自分」を自らの意志で投げ出しうる、という前提に立って、はじめて口にできる言葉である。

ということは、自殺は当然に許されるということである。そしてもし許されないなら、それは、貴重な財産を蕩尽《とうじん》することは許されない、という意味で許されないにすぎない。従って日本人の倫理が、自らが所有する「自分」をいかに有効に使うか、という問題になるのは当然である。その場合問題になるのは、ただこの「有効」の内容とそれへの価値判断だけである。「先生」は、自分の「生涯」を、有効に使用してくれそうな「私」に遺贈した。この遺贈が、適当か否かは問題にされても、こういうことが可能か不可能かは、「先生」も「私」も著者も読者も批評家も問題にしていない。なぜであろうか。なぜこのことの、「自明」をだれ一人として疑わないのであろうか。

だがこの問題を解く前に、もう一つの遺書を探究しなければならない。友人Kは彼に簡単な遺書を残した。しかし、それは、「先生の遺書」の末文と同じようなもので、自分の自殺の真因はだれにも知らせてくれるなという「先生」への遺書に等しかった。「必要なことはみんな一口ずつ書いてある中に、お嬢さんの名前だけはどこにも見えません。私はしまいまで読んで、すぐKがわざと回避したのだということに気がつきました」と。そしてこの「先生の遺書」の末文に等しき遺書の前には、語られざる遺書が長々とあることは、だれが知らなくても「先生」は知っていた。だがそれは遺書であったのであろうか。それとも「Kの生涯」という遺産であったのであろうか。

Kは、確かにその「生涯」の一部を、否おそらく全部を「先生」に遺贈した。それが「お嬢さん」であった。だがこの遺贈は、果して、普通の遺贈であったろうか。「先生」が父の遺産を叔父に横領されたように、Kはその「生涯」を「先生」に横領されたのではないであろうか。先生は、横領された遺産を取り戻そうとはせず、むしろ、叔父に横領されるがままにして故郷を去った。同じようにKは、その生涯を「先生」に横領されるがままにして、この世を去ったのではないか。もしそうなら、「先生」は「お嬢さん」と結婚することによって、Kの「生涯という遺産」を一方的に相続したことになる。そして一人の人間の生涯のすべてを遺産として受けとることになるなら、「先生」はKの生涯という資産とその資産の裏づけに等しき負債を否応なく相続したわけである。それを象徴するものがKの墓であり、「先生」にとって「墓」と「奥さん」は、同じようにKから相続した「生涯という遺産」になってしまう。そして確かにそうなった。「先生」はKの遺産をすべて非常に大切にする。奥さんも墓も。だがそのことによって「先生」は、墓の時間すなわち「死者の時間」に立たざるを得ない。だがそうなれば、時間は過去から未来へと流れ、未来を見れば、そこに見えるものは過去になる。そしてそれが先生の生存と生活を規定していく。規定している以上、それは確かに「思想」である。そしてこの思想を生きていない日本人を、私は知らない。とすれば『こころ』から私が探るものは、この思想の基となっている世界、すなわち日本人の「自明の前提」であるが、その前にまず、この作品を細かくたどってみよう。

二、「純粋人間」を創りだす「道」

「友人K」の登場まで

これまでにのべたことを非常に簡単に要約すれば、「先生」は、「死者の位置」に立って、「死者の時」でこの世を眺めていることになる。確かに死者の位置に立てば、時間は逆に過去から未来に流れるであろう。そして自らを、鴨長明のように、時間の流れの中に居らず、時間の流れの外の岸辺に立つ、と感じた場合、過去が未来へと流れていく「世の行くすえ」を、見える、と感じても不思議ではない。彼は未来に、自分の過去を見ているからである。そして、こういう見方をすることを、日本人は「客観的」というのであろう。

従って、この場合の「客観的」とは、普遍妥当性のある法則に基づいて対象を理解すること、非常に簡単な例をとれば、ユークリッドの幾何学の定理を証明してみせるようなこと、とは全く別のことであろう。しかし「死」には確かに万人に共通する普遍妥当性がある。従ってその位置に立ちうるという仮定は、一つの仮定の「客観性」を提供しうる。こういう考え方は、おそらく日本の神話時代からあり、それが非神話化され、一つの思想として日本人の中に定着したのであろう。

人間が「死者の時」に立ちうるか立ち得ないかという問題は、おそらく議論の対象となり得ないであろう。もし人が、天国とか地獄とか来世とかを感ずることが出来、その世界を意識することが日々の生活を規制し、それに基づいてその人が生きているなら、その人にとっては、天国とか地獄とか来世とかは実在するわけである。日本人が「聖書」を読むとき、これを書いた人びとは「神」という対象を感じていた、身近に実在すると感じていた、そして彼らがその実在を感じていた対象と話をすることも徹夜で議論をすることも出来たという事実を忘れてはならない。この一種の「感覚」を無視すれば、聖書はその本来の著作とは全く別の著作になってしまう。

同じように、日本人の著作を読む場合、彼らは常に「死者の時」を感じ、「死者の時」に立ちうると信じ切っていたという事実を無視すれば、何も理解できなくなってしまう。これはただに文学だけでなく、日本人のあらゆる考え方に出てくる一つの問題点だからである。特攻隊員の『悠久の大義に生きる』という言葉は、明らかに「死者の時」に立ち、時間が過去から未来へと流れているからであり、同じことは「対中国懺悔ムード」にも見られるからである。そしてこの点を非常に明確に示しているのが『こころ』の「友人K」だと思われる。だが、「K」の「思想」を探究してみる前に、まず、彼が現れる直前の状態を調べてみよう。

Kが出現する前に、小さな事件が起る。「奥さん」が「先生」と「お嬢さん」をつれて着物を買いに出掛ける。そして学友に見つかり、「いつ妻を迎えたのか」とわざとらしく聞かれる。そして「先生」は帰宅してからそのことを奥さんとお嬢さんに話す。

私は宅《うち》へ帰って奥さんとお嬢さんにその話をしました。奥さんは笑いました。しかし定めて迷惑だろうと言って私の顔を見ました。私はその時腹のなかで、男はこんな風にして、女から気を引いて見られるのかと思いました。奥さんの眼は充分私にそう思わせるだけの意味をもっていたのです。私はその時自分の考えている通りを直截《ちょくせつ》に打ち明けてしまえばよかったかも知れません。しかし私にはもう狐疑《こぎ》というさっぱりしない塊《かたまり》がこびりついていました。私は打ち明けようとして、ひょいと留まりました。そうして話の角度を故意に少しそらしました。

私は肝心の自分というものを問題の中から引き抜いてしまいました。そうしてお嬢さんの結婚について、奥さんの意中を探ったのです。奥さんは二三そういう話のないでもないようなことを、明らかに私に告げました。しかしまだ学校へ出ているくらいで年が若いから、こちらではさほど急がないのだと説明しました。

一体「先生」にこびりついている「狐疑というさっぱりしない塊」とは何であったのだろう。「なるべく早く結婚しようというのが女の義務で、なるべく晩《おそ》く結婚しようとするのが男の義務」だというショオの皮肉そのままの現象であろうか。そうではない。もしそうなら彼も、シェラの山奥まで逃げるはずである。それは、「狐疑」とはいえまい。

一体では「先生」はなぜ下宿に居すわっていたのか。理由は明らかであった。彼は「奥さん」が「お嬢さん」を自分に近づけたがっているかのような、また近づくことを警戒するような態度を見、この態度に対して明確な判定が下せず「畢竟《ひっきょう》女だからああなのだ、女というものはどうせ愚なものだ」という結論に必ず到達しながら、まるでゲーテの「永遠に女性的なるもの」に対するようにお嬢さんに対しているのである。

それほど女を見くびっていた私が、またどうしてもお嬢さんを見くびることが出来なかったのです。私の理屈はその人の前にまったく用をなさないほど動きませんでした。私はその人に対して、ほとんど信仰に近い愛をもっていたのです。私が宗教だけに用いるこの言葉を、若い女に応用するのを見て、あなたは変に思うかも知れませんが、私は今でも固く信じているのです。本当の愛は宗教心とそう違ったものでないということを固く信じているのです。私はお嬢さんの顔を見るたびに、自分が美しくなるような心持がしました。お嬢さんのことを考えると、気高い気分がすぐ自分に乗り移って来るように思いました。もし愛という不可思議なものに両端《りようはじ》があって、その高い端《はじ》には神聖な感じが働いて、低い端《はじ》には性欲が動いているとすれば、私の愛はたしかにその高い極点を捕《つら》まえたものです。私はもとより人間として肉を離れることのできない身体《からだ》でした。けれどもお嬢さんを見る私の眼や、お嬢さんを考える私の心は、まったく肉の臭いを帯びていませんでした。

そして、さらに、

こっちでいくら思っても、向うが内心ほかの人に愛の眼《まなこ》を注いでいるならば、私はそんな女といっしょになるのはいやなのです。世の中では否応《いやおう》なしに自分の好いた女を嫁に貰って嬉しがっている人もありますが、それは私たちよりよっぽど世間ずれのした男か、さもなければ愛の心理がよく呑み込めない鈍物のすることと、当時の私は考えていたのです。一度貰ってしまえばどうかこうか落ちつくものだぐらいの哲理では、承知することが出来ないくらい私は熱していました。つまり私はきわめて高尚な愛の理論家だったのです。同時にもっとも迂遠な愛の実際家だったのです。

という状態であった。一体この状態にあって、何が「先生」を狐疑させているのであろう。その理由は、以下につきるであろう。

奥さんは最初から、無人《ぶにん》で淋《さむ》しいから、客を置いて世話をするのだと公言していました。私もそれを嘘とは思いませんでした。懇意になっていろいろ打ち明け話を聞いたあとでも、そこに間違いはなかったように思われます。しかし一般の経済状態は大して豊かだというほどではありませんでした。利害問題から考えて見て、私と特殊の関係をつけるのは、先方にとって決して損ではなかったのです。

私はまた警戒を加えました。けれども娘に対して前言ったくらいの強い愛をもっている私が、その母に対していくら警戒を加えたって何になるでしょう。私は一人で自分を嘲笑しました。馬鹿だなといって、自分を罵ったこともあります。しかしそれだけの矛盾ならいくら馬鹿でも私は大した苦痛も感ぜずに済んだのです。私の煩悶は、奥さんと同じようにお嬢さんも策略家ではなかろうかという疑問に会ってはじめて起るのです。二人が私の背後で打ち合せをした上、万事をやっているのだろうと思うと、私は急に苦しくってたまらなくなるのです。不愉快なのではありません、絶体絶命のような行き詰まった心持になるのです。それでいて私は、一方にお嬢さんを固く信じて疑わなかったのです。だから私は信念と迷いの途中に立って、少しも動くことが出来なくなってしまいました。私にはどっちも想像であり、またどっちも真実であったのです。

ここで漱石はまた、結婚という問題を「無重力状態」におき、登場人物を一種の「無菌人間」にしているのである。現実の世界における結婚にまつわりつくさまざまな問題、――地位、財産、遺伝、国籍、宗教、言語、親族、伝統、慣習、幼児生活環境の差、教育、偏見といったさまざまな問題、本人の意志に無関係に作用してくる重力のような要素を一切排除し、さらに、郷土性といったものまで消去して、「奥さん」は「合いの子」であり、「先生」は郷土がないのである。

さらにこの状態はKとの友情にもあてはまる。二人は同郷・同級の幼な友達だが、二人とも郷土および郷土の人びとからは義絶状態にある。Kは寺である実家から医師の家に養子にやられ、養家の意向にそむいて養家から追放され、さらにそのため実家からも勘当されている。「先生」と「友人K」の間にあるのはいわば個人的友情だけであって、「家族ぐるみ」といった交友関係は一切ない。さらに利害関係もなく、相互に相手を利用する一種の取引関係もなく、また学校においては科が違うので競争関係もない。これも一種の「無菌人間」の「無重力状態」における友情と言うべきであろう。

『こころ』という作品が、否、『こころ』のみでなく漱石の多くの作品が私にとって興味深いのはこの点である。日本における多くの文学作品は、このような形をとらず、むしろ、逆の場合が多い。たとえば過去において「家」とか、「家の桎梏《しっこく》」とか、さらに古くは「君臣」関係とか「義理」とか（これは新しいかも知れぬ）、さらに新しくは「組織」とか「人間関係」とかいったもの、いわば「しがらみ」という日本語に象徴されるような一種の宿命的な網の中の人間、そしてこの網を「宿命」と見、この「宿命」対「人間」という形で対象を見る見方、そしてこの網を「悪」、「人間」をその犠牲者と見る見方、そしてこの網の排除を声高に主張する型、こういう型の文学作品は、『不如帰』以来、いくらでもある。

こういう捉え方をしていることは、その作品の価値とは関係なく、その中には立派な作品もあるであろう。そしてこういう型の作品こそ日本を研究する最良の素材であるかのような錯覚をわれわれは抱きやすい。しかし、極端な例をあげれば、『不如帰』と『ロメオとジュリエット』の対比研究は、何らの成果をも生み出さないのと同じように、そういう型のあらゆる対比研究がもたらす成果は、ただ誤解の積み重ねにしかならない。というのは、前記の「網」は、実は日本人にとって一種の逃げ道だからである。まるで「自分の意志に関係なく重力が作用した」という言い方で、自らが規定したはずのある状態から脱するわけである。従ってそういう面では漱石は、この作品の主要登場人物のすべてに、あらゆる「逃げ道」を封じてしまったことにもなる。

一体漱石はなぜこういうことをしたのであろう。いや何が漱石に、こういう世界を設定させたのであろう。この「実験装置」ともいえる一つの架空の世界には、こういう世界を生み出させる一つの原則がその前提にあるはずである。それは「純粋感情」をもつ「純粋人間」という一つの考え方である。「先生」は純粋人間として、「お嬢さん」に対しており、その対象である「お嬢さん」を純粋人間と信じて「ほとんど信仰に近い愛」をもち、「それは宗教心とそう違ったものではなく」「お嬢さんの顔を見るたびに、自分が美しくなり」「お嬢さんのことを考えると、気高い気分がすぐ自分に乗り移って来る」ような状態である。従ってこの純粋人間は、「奥さん」が「お嬢さん」を自分と結婚させようと、何か「策略」をめぐらしているのかも知れないという疑いに耐えられなくなる。さらに「お嬢さん」までその一味で「二人が私の背後で打ち合せをした上、万事をやっているのだろうと思うと、私は急に苦しくってたまらなくなる」わけである。

この場合、「先生」にとって、絶対に失いたくない「何か」は、何であったろう。もしそれが、「お嬢さん」なら、「奥さん」という第三者が、暗に二人の結婚を妨害しようとしているのならいざ知らず、これを推進しようとしているのなら、「急に苦しくなってたまらなくなる」はずはない。「先生」は確かに「お嬢さん」がほしい、しかしその「お嬢さん」を手に入れる過程において「何か」を失うことを、極端に恐れているはずである。そしてそれを恐れるが故に「狐疑というさっぱりしない塊」がこびりつくわけである。一体この「何か」は何であろう。おそらく、それを拡大し、象徴するのが「友人K」であろう。

「道」＝Kの「思想」

確かにこの作品は、すべてが「竹林の薄明」のように明らかである。すべての登場人物は、くっきりと描かれている。しかしその人びとがひとたび動き出すと、たちまち今までの姿は消えてしまう。跡を追って行けば確かにまた見出すことが出来る。しかしその人の歩いた「論理の道」はすべて視界から消えている。だがその人は、当然のことのようにその位置に立っているのである。これが確かに、日本人のもつ謎の一つであろう。そして日本人がその謎を少しも意識しないが故に、われわれはただ、竹林に見え隠れする鮮明な姿の後をたどりつつ、その謎を追う以外にない。

というのは「先生」の「友人K」に対する態度は、はっきり言って、「先生」が「急に苦しくってたまらなくなる」はずの「策略」なのである。「二人が私の背後で打ち合せをした上、万事をやっているのだろう」というまさにそのことを、「先生」は、「奥さん」と「お嬢さん」との打ち合せの上で、「K」に対して行なうのである。

私は蔭《かげ》へまわって、奥さんとお嬢さんに、なるべくKと話をするように頼みました。私は彼のこれまで通って来た無言生活が彼に祟《たた》っているのだろうと信じたからです。使わない鉄が腐るように、彼の心には錆《さび》が出ていたとしか、私には思われなかったのです。（中略）

それで私はなるべく、自分が中心になって、女二人とKとの連絡をはかるようにつとめました。Kと私が話しているところへ家の人を呼ぶとか、または家の人と私が一《ひと》つ室《へや》に落ち合ったところへ、Kを引っ張り出すとか、どっちでもその場合に応じた方法をとって、彼らを接近させようとしたのです。もちろんKはそれをあまり好みませんでした。ある時はふいと起《た》って室の外へ出ました。またある時はいくら呼んでもなかなか出て来ませんでした。Kはあんな無駄話をしてどこが面白いと言うのです。私はただ笑っていました。しかし心のうちでは、Kがそのために私を軽蔑していることがよくわかりました。

「奥さん」が「先生」に対して果して同じような心理的態度をとったかどうかは明らかでないが、「先生」は、自分に対してこういった「策略」があるのではないかという疑惑から悶々としていたはずである。そしてそれと全く同じことを「K」に対して行ないながら「先生」は、「遺書」を書く段階になっても、この二つが同じような「策略」であったとは全く考えていない。もし私が「先生」に、「先生も同じことをKに対してやっているではないか」と言えば、おそらく「先生」は非常に驚いた顔をし、言下に「それは違う」というであろう。そして「先生」にとっては確かに違うのであろう。これは、「策略」そのものが「許されざること」ではなく、ある場合には許され、ある場合には許されない、ということに外ならない。そしてこのことは、もう一つの場合の「先生」の「友人K」への態度にも、はっきりと出ている。「先生」は養父に欺かれて財産の大部分を詐取され、養父の娘と「策略」的に結婚させられそうになって、故郷を捨てた。一方「友人K」は、養家の無知に乗じてこれを欺き、いわば「策略」的に学資を詐取して学校に通い、それが発覚したとき、実家にその学資を弁済させた。しかし「先生」は、自分の「養父」の行為と「友人K」の行為を、基本的には同じことだとは見ていないのである。

元来Kの養家では彼を医者にするつもりで東京へ出したのです。しかるに頑固な彼は医者にはならない決心をもって、東京へ出て来たのです。私は彼に向って、それではは養父母をあざむくと同じことではないかと詰《なじ》りました。大胆な彼はそうだと答えるのです。道のためなら、そのくらいのことをしても構わないと言うのです。その時彼の用いた道という言葉は、恐らく彼にもよくわかっていなかったでしょう。私はむろんわかったとは言えません。しかし年の若い私たちには、この漠然とした言葉が尊《たっと》く響いたのです。よくわからないにしても気高い心持に支配されて、そちらの方へ動いて行こうとする意気組に卑しいところの見えるはずはありません。私はKの説に賛成しました。私の同意がKにとってどのくらい有力であったか、それは私も知りません。一図《いちず》な彼は、たとい私がいくら反対しようとも、やはり自分の思い通りを貫ぬいたに違いなかろうとは察せられます。しかし万一の場合、賛成の声援を与えた私に、多少の責任が出来てくるぐらいのことは、子供ながら私はよく承知していたつもりです。

一体、この「道のためなら、そのくらいのことをしても構わない」というこの「道」とは何なのか。おそらくこの「道」という概念は、「先生」にもあり、この「道」のためなら、「友人K」に対して、背後で「先生」「奥さん」「お嬢さん」が打ち合せて「策略」を弄《ろう》してもよいわけである。たとえその「道」が「K」のいう「道」とは違っても。ここで「先生」は、「友人K」の策略、自分の「K」への策略と、養父や「奥さん」の自分への策略とを、はっきり別のものと考えているわけである。そしてこの二つを分けるものが「道」なら、『こころ』の世界、「無重力状態」の「無菌人間」という「実験装置」の中にあるような「純粋人間」をも律している、一つの強固な「何か」があるはずである。一体、それはどういう考え方とそれに基づく規範なのであろうか。

それを解く鍵はおそらく「友人K」にあるであろう。彼はこの作品に登場する唯一の自覚的な「思想」らしきものをもつ人間、いわば、「思想」と「自己」を対立状態に置いている人間だからである。この場合、「自己」も、言うまでもなく一つの思想である。従って「K」は、相異なる二つの思想の間の、一種の緊張状態に、意識的に自分を置いているといえる。従ってこの場合、「K」の本当の思想とは、そういう状態に自分を置くということであって、彼が口にする「思想」ではない。従って、それは、漱石の記す如く、仏典でも聖書でもコーランでも、またシュエデンボルクでも日蓮でもよいわけである。

また漱石は、その内容には一言も触れていないが、確かにその内容は問題ではない。「K」にある緊張状態とは、実は、「先生」がいう「人間らしい」といわれる状態と「K」のいう「道」の間に生じた緊張状態だからである。先生は、まず「何を措いても、この際彼を人間らしくするのが専一だ」と考えて、彼を自分の下宿に共に住まわせて、「策略」を弄したわけである。先生は「お嬢さん」「奥さん」「先生」で構成される世界を「純粋に人間らしい世界」と考え、ここへ「K」を招じ入れさえすれば、いわば簡単な「策略」で、「K」と彼の架空の「思想」との間の緊張関係は、いずれは消去してしまうことを、信じて疑わなかった。ということは、先生は「K」の思想なるものの「実在」を、全く信じていなかったわけである。と同時に「先生」自身と「奥さん」と「お嬢さん」が、実は、断固たる「思想家」――「人間らしい」という思想を生きている思想家だとは、少なくとも当時は全く、自覚していなかった。

「先生」は「K」を尊敬していた。「先生」の「遺書」の全編を通じて、「K」は常に

「先生」の敬愛の的である。「お嬢さん」に対して「ほとんど信仰に近い愛をもっていた」とはいえ、また「お嬢さんのことを考えると、気高い気分が自分に乗り移って来る」ように思えたとはいえ、「お嬢さん」の「笑い」は嫌いだと書きえた「先生」が、「K」に対しては、「嫌い」という言葉は一言も使っていない。それほど敬愛しつつも、「先生」は、「道」すなわち「K」の思想の内容には全く無関心なのである。このことは「先生」にとって、確かにどうでも良いことであった。「先生」は「K」の思想に共鳴したのではなく、「K」の「思想」と「彼自身」の間にある緊張関係を常に深い尊敬をもって見つめていたからである。

そしてこのことは「先生」だけでなく、すべての日本人に共通する一つの精神的態度すなわち思想である。そしてその基本にあるのが、「純粋人間」の「純粋行為」という考え方である。この架空の人間は、まず欲望の「無重力状態」にあり、ついで利害関係その他において「無菌状態」で培養された「無菌人間」であらねばならない。しかし、この状態に安住しては完全に「純粋」でなく、この状態にありつつかつ「道」という何らかの対象にのみ目をそそぎ、この対象と一種の緊張関係にあるのが「純粋人間」の定義であろう。

果してこういう人間が現実にいるかどうか、という問題は、神が実在するか否かという問題と同様に、議論の対象とはなりえない。従って、そういう人間は現実には存在しないなどという論証は、はじめから無意味である。人間はそういう状態になりうると信じ、そういう人間が現実にいると信じ、そういう人間の存在を感覚することが出来るならば、その人にとって「純粋人間」という「信仰の対象」とそれに基づく「規範」は実在するからである。

こういう「規範」は広く日本全体をも律しているし、一個人の日々の行動も律している。広い「規範」の一例をあげれば、現在では、日本の新聞であろう。すなわちまず自らを欲望の「無重力状態」にありかつ利害関係の「無菌状態」にある機構と規定し、その状態にあって、何らかの「道」にのみ目をそそぎ、この「道」という対象と一種の緊張関係にある、という自己規定である。この自己規定が事実かどうかは、この場合、もちろん問題にはならないし、人間とか機構とかがそういう状態になりうるかどうかも問題にはならない。なぜなら、それらを信じないものにはこの設定ははじめから架空だし、それらを信じうる者にははじめから実在しているからである。もちろん新聞も、こういう信仰の対象からはずされることはあるであろう。だがそのことは、信仰の対象が他に移動したというだけであって、「純粋人間」という信仰の対象とそれに基づく「規範」がなくなった、ということではない。

この場合、新聞を例にとれば、無重力・無菌状態と自己規定した新聞が目を向けている「道」という対象も、その思想内容はというと、「友人K」の場合と同様で「その時彼の用いた道という言葉は、恐らく彼にもよくわかっていなかったでしょう。私はむしろんわかったとは言えません」という以外には、何とも言えない内容であって、何らかの体系的な思想をこれに見出すのは不可能である。しかしこの何となく「漠然とした言葉が尊く響いた」ので、「そちらの方へ動いて行こうとする意気組に卑しいところの見えるはずはありません」ので、こういう場合には、策略を弄することも、養父母を欺くと同様のことも、共に、当然に許されるわけである。

一つの宗教的信仰に基づく「規範」は、もちろんその宗団内の大新聞を律すると共に、個々の人の日常の行動も律している。そして一見この規範から逸脱したように見える者も、実はこの「規範」の中にいる。自らを欲望の「無重力状態」、利害関係の「無菌状態」にあり、その状態にあって「道」と緊張関係にあると規定した者には、戦前の青年将校、評論家・新聞記者から、学生運動の闘士まで、枚挙にいとまなきほどいる。そして常に私たちを戸惑わせるのがその「道」すなわち「思想」といわれるものの内容なのである。非常に大雑把な分類、分類などとは到底いえない大雑把な分類、たとえばコミュニストかファシストか、キャピタリストか、左翼か右翼かといったようなこっけいと思えるほどの分類すら出来ないのである。従ってその人びととの「議論」は常に、竹林に迷い込んだ如くになり、結局は不可能である。相手の主張はつまるところ、「私は、『道』との緊張関係にある純粋人間である。この前提を無条件で信じよ」という主張に外ならないからである。もちろんこの世に偽信者は多い。また信徒を欺いて巨額の収益をあげる機構ももちろんある。しかし、そういうものが存在しうること自体が、一つの信仰とそれに基づく規範との存在を前提としていることもまた否定できない。従って今ここでは、日本における個々の人もしくは機構が、その者が自ら主張する状態にあるかないかは問題にする必要はない。

私の考えでは、前記のような状態すなわち「欲望の無重力状態」における「利害関係の無菌人間」が「道」に対して緊張関係にあるときこれを「純粋人間」と呼び、こういう人間の実在を信じかつ感覚しうる状態にある人びとによって構成される社会が、「天皇制」と呼ばれる社会なのである。漱石は、もちろん「友人K」の「思想」を意識的に天皇制と結びつけてはいない。また、私はある侍従氏が書いた天皇の印象記を読んだ。彼の記す天皇はまさに純粋人間に描かれ、欲望においては無重力状態で、利害関係においては無菌人間で、常に「道」にのみ目を向け、これとの緊張関係にある人間として描かれていた。しかしこの侍従氏が、漱石の『こころ』から何らかのヒントを得ていたとは到底思えないし、一方漱石は、「友人K」を描写するにあたって、天皇が念頭にあったとも思えない。従って両者は全く無関係に、一方は「創作」をし、一方は「印象」を記しているのだが、この二つが、全く奇妙に符合するのである。

と同時に漱石はKの「道」の思想的内容には全く無関心だし、侍従氏も天皇の「道」の思想的内容には、全く関心がない。従ってKの思想も天皇の思想も、また「無冠の帝王」ならぬ「無冠の天皇」の思想も、私は全く知らない——仏典か、聖書か、コーランか、シュエデンボルクか、日蓮か、コミュニズムか、ファシズムか、キャピタリズムか、いや、おそらくこれが愚問というものであろう、「道」との緊張関係が思想であるからには、その対象の解明は、はじめから問題外のはずである。

そしてこの場合、天皇が現実に侍従氏が描くような「純粋人間」であるかないかは、実は「友人K」が実在の人物か架空の人物かを論ずると同様に無意味なことである。というのは両者とも「純粋人間」という思想の産物に過ぎないからである。従ってこの思想を、新聞社が自らにあてはめようと、無冠の天皇が自らにあてはめようと、青年将校が自らにあてはめようと、学生運動の闘士が自らにあてはめようと、「友人K」が自らにあてはめようと、それは、その思想が存在する限り各人の自由であり、その結果その各々の間に同類感を生じようと、また近親憎悪を生じようと、それはこの思想の存在を証明し、各人がこの思想に基づく規範で自己を律している証拠に外ならない。

もちろん以上のことは「先生」の自殺が一種の殉死の形をとることと無縁ではない。そしてそれは『こころ』の終末である。しかしその前にまず「友人K」の結末へと進まなければならない。

「友人K」の恋

「先生」は「奥さん」の反対を押し切ってまで「K」を自分の下宿に招じ入れた。「先生」のその行為には、一つの前提があった。「……不思議にも彼は私のお嬢さんを愛している素振りにはまったく気がついていないように見えました。むろん私もそれがKの眼につくようにわざとらしくは振舞いませんでしたけれども。Kは元来そういう点にかけると鈍い人なのです。私には最初からKなら大丈夫という安心があったので、彼をわざわざ宅《うち》へ連れて来たのです」と。先生にはなぜ「大丈夫という安心」があったのであろう。一言でいえば「Kは純粋人間で『道』との緊張関係にあるから大丈夫だ」ということであろう。

この場合、「先生」ももちろん「純粋人間」であった。ただ「先生」の「道」は「お嬢さん」が媒介する何かで、この「お嬢さん→道」に対して「信仰に近い愛をもち」、その愛は「宗教心とそう違ったものでなく」、またその「愛はたしかに高い極点で捕《つら》えたもの」であり、それなるが故に、「絶体絶命のような行き詰り」を感ずるほどの緊張関係にあった。従って「先生」は「K」と「道」との関係も同じように解釈して、「大丈夫という安心」があったわけであろう。この場合、「K」と「道」との関係を「信仰」と呼びうるなら、「先生」から「お嬢さん」への関係は確かに「信仰」と呼びうるであろうし、一方、「先生」から「お嬢さん」への関係を恋愛と呼びうるなら、「K」と「道」との関係は恋愛である。従って「K」のこの関係は、「先生」から見れば確かに「大丈夫」であろうが、逆の見方をすれば非常に危険なはずである。ただこの「大丈夫」が「危険」に転ずるには「K」に「覚悟」が必要なこともまた事実である。従って

「K」から「覚悟」という言葉を聞くまで「先生」が一面危惧を感じつつ心底に一種の安心感を抱いていたのは当然であろう。もちろんその危惧は「先生」のわだかまりとはなっていた。しかし結局先生には「大丈夫という安心感」が最後の最後まであった。

ここで私はまた非常に面白い問題に遭遇する。「恋」とか「恋をはばむもの」とか「恋にまつわる諸事件」とかは、常に、東西を問わず小説の題材である。しかしこの題材を『こころ』のように扱った作品は他に類例がないと私は思う。漱石はまず「友人K」を、恋愛における無重力状態の無菌人間に設定する。従って「自由恋愛と社会の壁」およびそれからの「解放」といった通俗的図式をここに持ち込む余地はない。もちろん私がいう「無重力状態」の「無菌人間」とは「Kのお嬢さんへの求愛に於いて」の意味であって、これに対する「お嬢さん」の応答はこの場合は関係がない。というのは「友人K」は、「何か」にはばまれて求愛に到らないからである。一体、彼を阻んでいるものは何なのか。言うまでもなくそこに「何か」があって、それあるが故に「先生」には「大丈夫という安心」感があり、その安心感のゆえに「K」を同宿させて、策略まで弄して「奥さん」と「お嬢さん」に近づけたはずだからである。

「K」の求愛を妨げる要素は、外面的には全くない。確かに彼は貧しかったであろう。

しかし当時の日本に於いて「大学卒」は、それだけで大きな資産でありうる時代であった。別の作品に記されているように、貧乏書生が、高官の娘らしき人力車上の麗人に目をつけ、その跡をつけてその家の応接間に入りこみ、その父親と談判して娘をもらいうける、という物語が発生しうるような時代であった。Kは義絶に会っているがゆえに貧しいとはいえ、いわば田舎の名門の出であり、「お嬢さん」は美しいとはいえ、多少の資産もしくは恩給に寄食する軍人の娘であって、高位顕官の令嬢ではない。当時の社会において、その社会の慣習に基づく手続を踏んで「K」が「お嬢さん」に求愛をしたとて、おそらくそれは普通のことで、少しも奇異なことではなかったであろう。いわば二人の間には取り除くべき「社会の壁」はなかったはずである。

従って、「K」の外部において想定さるべき唯一の「求愛への障害」といえば、それは「先生」しかいない。「K」が「先生」に恩義を感じ、その「先生」の「お嬢さん」への思慕を知るが故に、一種の自主規制で自らの求愛を押えたのなら、「K」はもはや「無重力状態」の「無菌人間」とは言えない。しかし、もし「K」がそういう考慮をしうる人間なら、「先生」は、その「考慮」をあてに出来たはずである。しかし「K」が、そういうことを一切考慮しない人間であること、従って、「K」の求愛の前に自分の存在が障害とはなりえないことを、「先生」はよく知っていた。従って「K」が口にした「覚悟」の意味を考えているうちに、この点でも、愕然《がくぜん》とするのである。

Kの果断に富んだ性格は私によく知れていました。彼のこの事件についてのみ優柔なわけも私にはちゃんと呑み込めていたのです。つまり私は一般を心得た上で、例外の場合をしっかりつらまえたつもりで得意だったのです。ところが「覚悟」という彼の言葉を、頭のなかで何遍も咀嚼《そしゃく》しているうちに、私の得意はだんだん色を失って、しまいにはぐらぐら揺《うご》き始めるようになりました。私はこの場合もあるいは彼にとって例外でないのかも知れないと思い出したのです。すべての疑惑、煩悶、懊悩《おうのう》を一度に解決する最後の手段を、彼は胸のなかに畳み込んでいるのではなかろうかと疑ぐり始めたのです。そうした新らしい光で覚悟の二字を眺め返して見た私は、はっとおどろきました。その時の私がもしこの驚きをもって、もう一遍彼の口にした覚悟の内容を公平に見廻したらば、まだよかったかも知れません。悲しいことに私は片眼《めっかち》でした。私はただKがお嬢さんに対して進んでいくという意味にその言葉を解釈しました。果断に富んだ彼の性格が、恋の方面に発揮されるのがすなわち彼の覚悟だろうと一図《いちず》に思い込んでしまったのです。

「先生」の存在は明らかに「Kの求愛」の障害ではない。従って「Kの求愛」の障害は、もはやいかなる外部に求めることも出来ない。「日本人は恋愛を罪悪視する」という定説が、少なくとも過去にはあった。同時にこれへの反論もあった。そしてこの問題の解答は常に「社会」や「社会の壁」に求められた。「封建制の下では……」「資本制の下では……」「家という桎梏が……」等々。しかしそれらの解説のすべては、この「Kの求愛」を阻害する「何か」を説明してくれない。『こころ』という、この「実験装置」のような作品で、私にとって興味あるものの一つは、この「何か」である。そしてこの「何か」を解く鍵は「精神的向上」と「人間らしい」という二つの言葉の関係にあるであろう。そして「K」を殺したのも、この二つの言葉であろう。

この二つの言葉は、二人の夏休み旅行のときに出てくる。日蓮のことをくわしく知りたかった「K」には、誕生寺の坊さんの説明は甚だ不満足であった。そこで「K」は「先生」に向ってしきりと日蓮のことを云々する。しかし「先生」は暑くてくたびれていたので、いい加減な返事をする。そして、たしかその翌《あく》る晩のことだと思いますが、二人は宿へ着いて飯を食って、もう寝ようという少し前になってから、急にむずかしい問題を論じ合い出しました。Kは昨日《きのう》自分の方から話しかけた日蓮のことについて、私が取り合わなかったのを、快よく思っていなかったのです。精神的に向上心がないものは馬鹿だと言って、何だか私をさも軽薄もののようにやりこめるのです。ところが私の胸にはお嬢さんのことがわだかまっていますから、彼の侮蔑に近い言葉をただ笑って受け取るわけに行きません。私は私で弁解を始めたのです。

その時私はしきりに人間らしいという言葉を使いました。Kはこの人間らしいという言葉のうちに、私が自分の弱点のすべてを隠していると言うのです。なるほどあとから考えれば、Kのいう通りでした。しかし人間らしくない意味をKに納得させるためにその言葉を使い出した私には、出立点がすでに反抗的でしたから、それを反省するような余裕はありません。私はなおのこと自説を主張しました。するとKが彼のどこをつらまえて人間らしくないと言うのかと私に聞くのです。私は彼に告げました。

——君は人間らしいのだ。あるいは人間らし過ぎるかも知れないのだ。けれども口の先だけでは人間らしくないように振舞おうとするのだ。また人間らしくないようなことを言うのだ。

私がこう言った時、彼はただ自分の修養が足りないから、他《ひと》にはそう見えるかも知れないと答えただけで、一向私を反駁《はんばく》しようとしませんでした。私は張合いが抜けたというよりも、かえって気の毒になりました。私はすぐ議論をそこで切り上げました。彼の調子もだんだん沈んで来ました。

この議論の背後にはもちろん「お嬢さん」がいる。そして「お嬢さんのことがわだかまっている」のはもちろん「先生」だけでなく、別の意味で、さらに強く「K」にわだかまっているはずである。だが「先生」はそれを意識しなかった。そして「しきりに人間らしいという言葉を使い」最後に「君は人間らしいのだ。あるいは人間らし過ぎるかも知れないのだ。けれども口の先だけでは人間らしくないようなことを言うのだ。また人間らしくないように振舞おうとするのだ」という言葉で自分の主張を終った。これに対して「K」は何も反駁しようとせず「ただ自分の修養が足りないから、他《ひと》にはそう見えるかも知れない」と答え、「先生」を「かえって気の毒」に感じさせている。

不思議な言葉。この「人間らしい」という言葉が、剛直で意志的で常々「先生」を畏敬させていた「K」を慴伏《しょうふく》させてしまう。そしてこの「人間らしい」という言葉は、何の「定義」づけもなく、二人に通ずる言葉なのである。この「人間」とは何かについて両者が徹底的に討論して、両者が共有しうる共通の「定義」をまず打ち立てたわけではない。ここに両者に共通する自明の前提とそれに基づく規範があり、これが二人を律しているわけである。そしてその故に、二人はこの「人間」なるものを、はっきりと感覚しているのである。

しかし「先生」は共に感覚している一種の「共通項＝人間」が「お嬢さん」だとは思わなかった。「お嬢さん」のことがわだかまっているが故に「先生」は、「ただ笑って受け取るわけに行」かず反論した。一方「K」は「お嬢さん」への内心の恋を意識するが故に「人間らし過ぎるかも知れない」のに「口の先だけでは、人間らしくないようなことを言う」という「先生」の言葉に慴伏したわけだが、実は「お嬢さん」に跪《ひざまず》いたに等しいのである。従って「お嬢さん」は、日本教の「人間」という概念を解明する恰好の媒体だが、この問題は後にゆずり、「K」の求愛を阻止している内心の「何か」へと進もう。

「先生」は確かに危惧をもっていたとはいえ、基本的には「大丈夫という安心」があり、「私の予覚はまるでなかったのです。だからおどろいたのです。彼の重々しい口から、彼のお嬢さんに対する切ない恋を打ち明けられた時の私を想像して見て下さい。私は彼の魔法棒のために一度に化石されたようなものです。口をもぐもぐさせる働きさえ、私にはなくなってしまったのです」という状態になった。「先生」には何もかもがショックであった。何故彼が自分に恋を打ち明けたのか、平生の彼はどこに吹き飛ばされたのか、彼がライバルとなれば自分は一体どうなるのか等々、そしてついには「彼が一種の魔物」のように思えるまでになった。

しばらくしてやっと立直った「先生」は、何とかして「Kの前に横たわる恋の行手をふさごう」と決心した。一体どうすればよいか。「先生」には、ライバルとして対等に「お嬢さん」を争えば、自分には勝目がないという意識があった。従って「K」と争って勝つのでなく、「K」がこの恋を自ら放棄するように彼に立ち向う以外に方法がないと考えた。従って問題はまず、「K」がどういう行動に出るかを知ることであった。従って「私はまた彼に向って、彼の恋をどう取りあつかうつもりかと尋ねました。それが単なる自白に過ぎないのか、またはその自白についで、実際的の効果をも収める気なのかを問うた」わけだが、「K」は何も答えなかった。しかし「K」のいう如く、答えないのは隠しているからではなかったであろう。これはあくまでも「K」の何らかの内心の問題であって、「先生」への配慮ではない。何らかの配慮から来たのなら、第一、「先生」にのみ恋を告白するはずがないからである。従って「K」に恋の「実際的の効果を収める気」を起させないもの、いわばこの恋における唯一の障害は「K」の中にあるだけで、外部には全くないのである。その障害は一体何であったろう。

「先生」によれば「天性は他《ひと》の思わくを憚かるほど弱く出来上がって」おらず、「こうと信じたら一人でどんどん進んで行くだけの度胸もあり勇気もある男」である「K」が、ついに「先生」に批判を求め、「恋愛の淵におちいった彼を、どんな目で私が眺めるか」を問うまでになった。「先生」はこの機会を捕えた。ここに記されているのは、ある意味では「K」を殺した言葉であり、この言葉は実に多くの問題を含むから、少し長いが、次にその全部を引用しよう。

　私がKに向って、この際何んで私の批評が必要なのかと尋ねた時、彼はいつもにも似ない悄然とした口調で、自分の弱い人間であるのが実際恥ずかしいと言いました。

そうして迷っているから自分で自分がわからなくなってしまったので、私に公平な批評を求めるよりほかに仕方がないと言いました。私はすかさず迷うという意味を聞きただしました。彼は進んでいいかしりぞいていいか、それに迷うのだと説明しました。私はすぐ一歩先へ出ました。そうしてしりぞこうと思えばしりぞけるのかと彼に聞きました。すると彼の言葉がそこで不意に行き詰まりました。彼はただ苦しいと言っただけでした。実際彼の表情には苦しそうなところがありありと見えていました。（中略）

私はちょうど他流試合でもする人のようにKを注意して見ていたのです。私は、私の眼、私の心、私の身体《からだ》、すべて私という名のつくものを五分《ごぶ》の隙間もないように用意して、Kに向ったのです。罪のないKは穴だらけというよりむしろあけ放しと評するのが適当なくらいに無用心でした。私は彼自身の手から、彼の保管している要塞の地図を受け取って、彼の眼の前でゆっくりそれを眺めることが出来たも同じでした。

Kが理想と現実の間に彷徨してふらふらしているのを発見した私は、ただ一打ちで彼を倒すことが出来るだろうという点にばかり眼をつけました。そうしてすぐ彼の虚に付け込んだのです。私は彼に向って急に厳粛なあらたまった態度を示し出しました。

むろん策略からですが、その態度に相応するくらいな緊張した気分もあったのですから、自分に滑稽だの羞恥だのを感ずる余裕はありませんでした。私はまず「精神的に向上心のないものは馬鹿だ」と言い放ちました。これは二人で房州を旅行している際、Kが私に向って使った言葉です。私は彼の使った通りを、彼と同じような口調で、ふたたび彼に投げ返したのです。しかし決して復讐ではありません。私は復讐以上に残酷な意味をもっていたということを自白します。私はその一言《いちごん》でKの前に横たわる恋の行手をふさごうとしたのです。

「K」の返事は「馬鹿だ」「僕は馬鹿だ」であった。二人は少し歩く。そして、

Kはしばらくして、私の名を呼んで私の方を見ました。今度は私の方で自然と足を留めました。するとKも留まりました。私はその時やっとKの眼を真向きに見ることが出来たのです。Kは私より背《せい》の高い男でしたから、私は勢い彼の顔を見上げるようにしなければなりません。私はそうした態度で、狼《おおかみ》のごとき心を罪のない羊に向けたのです。

「もうその話はやめよう」と彼が言いました。彼の眼にも彼の言葉にも変に悲痛なところがありました。私はちょっと挨拶が出来なかったのです。するとKは、「やめてくれ」と今度は頼むように言い直しました。私はその時彼に向って残酷な答えを与えたのです。狼が隙を見て羊の咽喉笛《のどぶえ》へ食《くら》いつくように。

「やめてくれって、僕が言い出したことじゃない、もともと君の方から持ち出した話じゃないか。しかし君がやめたければ、やめてもいいが、ただ口の先でやめたって仕方があるまい。君の心でそれをやめるだけの覚悟がなければ。一体君は君の平生の主張をどうするつもりなのか」

私がこう言った時、背の高い彼は自然と私の前に萎縮して小さくなるような感じがしました。彼はいつも話す通りすこぶる強情な男でしたけれども、一方ではまた人一倍の正直者でしたから、自分の矛盾などをひどく非難される場合には、決して平気でいられない質《たち》だったのです。私は彼の様子を見てようやく安心しました。すると彼は卒然「覚悟?」と聞きました。そうして私がまだ何とも答えない先に「覚悟、――覚悟ならないこともない」と付け加えました。彼の調子はひとりごとのようでした。また夢の中の言葉のようでした。

この作品を通じて、最も興味深いのは以上二つの部分だが、また最も理解しにくいのもこの部分である。一体全体なぜ「精神的向上」という言葉が、「恋の行手」を防ぐ決定的な言葉となりうるのか、という問題である。少なくとも「先生」自身はそうとは言えなかった。むしろ逆であって、お嬢さんに「信仰に近い愛をもつ」ことによって「お嬢さんのことを考えると、気高い気分がすぐ自分に乗り移って来る」ように感じ、「お嬢さん→道」が成り立っていたはずである。もちろんこれは片思い、いわば一方的な恋である。すべての恋愛が「恋をする方と、恋をされてもよいと思っている方」とで成り立つのなら、これは別に不思議ではない。しかし「先生」の場合は、お嬢さんの方向に「精神的向上」の対象があり、これと一種の緊張関係にあることによって「純粋人間」であったことも事実である。

一方、「先生」は「友人K」が、「お嬢さん」「奥さん」「先生」の世界にいて、「K」がその「道」との緊張関係において「純粋人間」であることを望んだのであった。従って「精神的に向上心のないものは馬鹿だ」という言葉は、「前にも言った通り、私はこの一言で(「道」へという)彼がせっかく積み上げた過去を蹴散らしたつもりではありません。かえってそれを今まで通り積み重ねて行かせようとしたのです。それが道に達しようが、天に届こうが、私は構いません」というわけであった。一体「先生」はなぜここで、「道への精神的向上を計りつつ恋をすることも可能だ。その二つは少しも矛盾しない」と考えず、「K」の場合は、この二つが相対立する二者択一だということを、自明の前提としたのであろうか。

しかしこのことは「K」にとっても自明の前提なのである。彼は「自分が弱い人間であるのが実際恥ずかしい」といい、「迷っているから自分で自分がわからなくなった」「進んでいいかしりぞいていいか」といい、「先生」の批評と追及に対しては「ただ苦しい」と言っただけであった。これがもし、「K」の「先生」への義理や恩義への配慮、いわば俗にいう「友情と恋の板ばさみ」なら、どこにでもある三文小説の主題にすぎない。「K」の苦しみは、一に、「恋」と「道」との二者択一であり、この「K」の態度には、「先生」と同じ自明の前提がある。そして両者に共通するこの自明の前提がない限り「精神的向上心のないものは馬鹿だ」という言葉は、「K」の「恋の行手をふさぐ」「一言」とはなり得ないはずである。もし「K」が「先生」のすべてを見通し、「お嬢さんへの恋は精神的向上と対立しないどころか、君と同様に私にとっても、その恋自体が精神的向上の方向にある。私のお嬢さんへの愛も宗教的信仰に等しく、お嬢さんのことを思えば、君同様に私も、気高い気分が乗り移って来るのだ」と言えば、「先生」は一言もないはずである。しかし、こういう返事が来ることは絶対にないことを、「先生」は知っていた。

なぜか。またなぜ「K」は「ただ苦しい」と言ったのか。「K」にとっては恋は、「何か」への背信であり裏切りだったはずである。そして「K」にとって恋が背信であることを、当然のこととして、「K」も「先生」も知っていたからである。恋愛が背信で裏切りなら、これは確かに罪であろう。日本語の「恋愛」という言葉には、常に一種の「罪の意識」がつきまとっていた。そしておそらく今でもこの「罪の意識」の影は明らかにつきまとっている。それは「先生」も指摘したように、恋する二人への日本人独特の一種の冷笑的な態度に現われている。「先生」は「私」に言う、「……しかし君、恋は罪悪ですよ。わかっていますか」と。

「先生」は決して「恋の故に罪悪をおかすこともありますよ」とは言っていない。恋は、少なくとも「K」にとっては裏切り、背信、罪悪であることを、「先生」は知っていた。知っていたが故に、「先生」は、「彼自身の手から、彼の保管している要塞の地図を受けとって」ゆっくりそれを眺めて、この弱点をつき、一言のもとに「K」の「恋の行手」をふさぐことが出来たわけであった。と同時にこれがまた「先生」が、「覚悟」という言葉を思い返しているうちに愕然としてきた理由であろう。「K」には裏切りの覚悟は出来ている、という意味に解して。

ここでもう一度「K」と「先生」の関係を考えてみよう。「先生」にとって、「K」は、ある意味では「道」の象徴であった。「先生」は「K」を畏敬し、この畏敬によって「道」との緊張関係を「K」に依託したような形で、二人の友情は成立っていた。そしてそこに「安心」があったわけである。従って「K」が道を裏切ったとき、「先生」は「K」を裏切ったわけである。「K」が「道」を裏切らない限り、「先生」は「K」を裏切る理由は全くなかったのである。「K」から見ればこれは、裏切ったが故に裏切られた、というのっぴきならぬ状態に陥ることであった。

では一体、なぜ「K」すなわち、「純粋人間」にとって恋は裏切りであることが自明の前提であり、また二人が口にする「共通項＝人間」が「お嬢さん」なのであろう。ここに「K」の求愛をはばむ「何か」と「先生」を「狐疑させた何か」——前述したように、「先生」は確かに「お嬢さん」がほしい、しかしその「お嬢さん」を手に入れる過程において「何か」を失うことを、極端に恐れている――その「何か」が、実は同質の対象であること、すなわちこれが別の「共通項」であることにここで気づかざるをえないのである。

三、虚のエネルギーとしての天皇制

「歴史」と『こころ』と「死者の時」

ここで「K」の「死者の時」と「先生」の「死者の時」に進むわけだが、その前に少し、私がなぜこのような話を始めたかを記しておこう。そうしないと読者は戸惑うであろう。日本の歴史の話だというから読んでみたら、竹林だ、流れだ、『こころ』だ、お嬢さんだ、友人だ、恋だ、自殺だ、では、何のことやらわからなくなるのが当然だといわねばなるまい。――一体全体、そんな話と歴史とが、何の関係があるのだ、と。

だがここで、奇妙と思われそうなことを想像してみようと思う。『こころ』という実験装置内に想定されている「欲望の無重力状態」と「利害関係の無菌状態」にあって「道」との緊張状態にある「純粋人間」というものの存在を、ある一定集団のすべての人びとが信じて、そういう対象を感覚できると仮定したら、そういう人びとが作り出す、あるいは作り出そうとする政治機構は、また、「純粋国家」になるのではないか。そしてそういう人びとが「歴史」を記したらそれは「純粋国家史」になり、またその国家の演ずる運動に於いては、一国民一国家の自殺という局面すら出てくるのでないかと。

日本人には明らかに「純粋国家」という概念がある。個人のもつ基本的な欲望、いわば飲・食・生存といった最低の基本的欲望の充足は、本人の意志を無視する重力の如くに作用すると考えれば、それは、言うまでもなくその個人の集合体である国家にも、その国家の意志を無視する重力の如くに作用するはずである。しかし、純粋人間が、こういう重力＝欲望からの無重力状態にあるならば、純粋国家という概念も、この欲望からの無重力状態にあるはずである。第二に、国際間の利害関係および国内におけるさまざまの利害関係の外で培養された「無菌国家」という概念がこれに加わる。さらにこの状態に、何らかの「道」──それが何と呼ばれてもよいし、その内容は全く不明でもよい。何か、たとえば「肇国《ちょうこく》の精神」「道義国家」「八紘一宇《はっこういちう》」「平和国家」「文化国家」といったようなもの──との緊張関係が加わるという状態、この状態が日本人の「純粋国家」という概念であって、それは常にさまざまな衣裳をまとい、よそおいを新たにして登場しても不思議ではない。もちろん、こういう純粋国家は、現実には存在しない。そしてそれが存在しえない理由を、日本人は常に、いわゆる「社会の壁」や「国際問題における社会の壁」に求め、それらを排除すれば、純粋国家が出来上ると思ったり、いや、地上のどこかにすでに純粋国家は実在していると夢想したりして、さまざまな国に純粋国家という概念を投影してみたりする。そのうちに、その投影をまた自国に反射してみるようになる。

その結果、内外の壁を打ち砕き取り除くため、大規模な軍事行動や小規模な銃撃戦を起す。「純粋機構」の創出する「世論」は、もちろん常にこれに声援を送り、そのためには「策略」も罪悪ではない。しかし「壁」は、前述のように実は、「純粋人間」の逃げ道だから、「壁」をこわすことによって、「壁」のために「純粋」でありえなかったという「生存」のための言いわけを、次々に自らの中でふさいで行く結果になる。その結果は、「K」の如くに自殺するか、一億玉砕という自殺スローガンになるか、「生きていて相すみません」という不思議な「生存の言いわけ」の哲学に生きるか、という状態になる。

この「生存の言いわけ」の哲学をもたない日本人を私は知らない。もちろんこれは、「純粋人間」という思想と表裏の関係にある。人間が「私は、かくかくしかじかの理由で生きております」という言いわけを、だれかに対してする必要があるであろうか。「先生」の「遺書」は、言うまでもなく「私はかくかくの理由で今日まで生きて来ました」という言いわけである。

「先生」はまた「遺書」を書くため自殺を一週間延期した。これは、言うまでもなく「私は『遺書』のために一週間生きてきました」ということであり、「先生」は、死ぬ一週間前にすでに死んでおり、この一週間は、明らかに「死者の時」に生きているわけである。従って「先生」は、「時間」の「岸辺」に立ち、その時間はすでに過去から未来へと流れ、一週間後に、「先生」という「うたかた」が消えるのをすでに見ている。だが、「先生」にとって、「死者の時」に生きるのが、何もこの一週間ではないことは、言うまでもない。

「私は『あの日』から、かくかくしかじかの理由で今日まで生きてきました」と言う「あの日」以降、その人は、「先生」に限らず、「死者の時」に生きているはずである。しかし「先生」を「死者の時」に生きさせたのは、「社会の壁」ではなかった。そしておそらくほかの人も……。

さて「歴史《ヒストリア》」という言葉は原意は、実は、記録である。従って『先生の遺書』も一つのヒストリアである、この「ヒストリア」は、それが記された「時」のものであっても、それに記された「時」のものではない。これはあらゆる「歴史《ヒストリア》」についていえることで、すべての「歴史」は、それが記された「時」のものであっても、それに記された「時」のものではない。と同時に、これらの「歴史《ヒストリア》」に対した場合、自分がその「歴史《ヒストリア》」に対して「無重力状態」の「無菌」人間であるという考え方、いわば史料であるから、これに対して自分は一切の欲望も利害ももたぬ「純粋人間」として対しうる、という考え方は実は、他の場合と同様の空想に過ぎず、ただ史料を「純粋人間」とか「純粋機構」とか「純粋国家」といった尺度で再編成したり、それに基づいて批判したりしているに過ぎない。

同時に、自分が「死者の時」に立って史料を見ていると仮定し、これを客観的な歴史だと主張しても、実はそれは「先生」の『遺書』と同様、一種の遺産を構成しているにすぎないわけである。そこにはその「生涯」を遺贈できると考える考え方のように、一民族の「歴史《ヒストリア》」を「遺書」の形で子孫に「遺贈」できる、という考え方があるわけである。しかし、「歴史」は、遺産としてその子孫に贈りうるものでもなければ、また子孫が自由裁量で処分してよい遺産でもあるまい。この関係はむしろ、「K」の自殺後、否応なく「Kの生涯」を相続させられ、「その新しい墓と、新しい私の妻と、それから地面の下に埋められたKの新しい白骨」に対するという状態に似ているはずである。従って、次に「K」の自殺から、「先生」の自殺へと進もうと思う。これも一つの歴史であるから。

「お嬢さん」＝人間＝去私の人

先に記したように二人の会話の「共通項＝人間」は「お嬢さん」であり、従って「お嬢さん」は日本教の「人間」を解く鍵である。

読者はあるいはすでに気づかれたかも知れない。欲望の無重力状態、人間関係における無菌人間が、「道」とかいう何らかの対象と一種の緊張関係にある、という状態は、すでにどこかで、だれかが、口にした状態と非常に似ていることを。言うまでもあるまい、『即天去私』である。もっとも「K」ならば『即道去私』である。これらの場合、常に『天』も『道』も内容ははっきりしていない。しかしそれに即することは、一種の緊張関係にあることである。

では一体私が『こころ』から抽出してきた「無重力状態の無菌人間」という状態と、

「去私」という状態とは同じであろうか。それはわからない。「天」とか「道」とかの定義が不明な如くに、「私」の定義も不明だからである。この「私」にはもっと複雑な内容があるのかも知れない。従って私の抽出の結果と「即天去私」は偶然に相似た形になったのかも知れない。

しかし私は、この言葉と私の抽出の間には近似値があると考えている。そして一つの言葉の定義は近似値しか得られないのが当然であり、少なくとも、前記の抽出は「去私」という言葉の意味内容の相当な範囲を占めると思われるから、以後、この状態の人間を一応「去私の人」と仮定しよう。もちろん後述するように両者は同一ではない。

一体『こころ』における「去私の人」はだれか。言うまでもなくそれは「お嬢さん」である。そして「私」という記録者兼遺書の受領者を除けば、作品から消されず、作者に殺されず、作品が終ってもそのまま「純白に保存」されつづけているのは「お嬢さん」だけである。前項でのべたように、「先生」と「K」との議論において、討議せずに二人が使える言葉、いわば共に感覚している一種の「共通項＝人間」は「お嬢さん」のわけだが、この「お嬢さん」とはつまり「去私の人」なわけである。この「去私の人」「を漱石は非常に美しく描き、まるで漱石こそこの「お嬢さん」に恋をしているのではないかと思われるほどである。

漱石は、自らが描いた女性に対して常に非常に辛辣な一面があり、この作品でも「お嬢さん」の母の「奥さん」も「私」の母も例外ではない。おそらく「お嬢さん」は彼の全作品の例外であろう。この「お嬢さん＝去私の人」は、絶対に自らの決定に基づく意思表示をしない。例外は結婚前には、「先生」の嫌いな「笑い」である。しかしこれも、はっきりそう断定してよいかどうか不明である。ただ「先生」は確かにそれを一種の意思表示として受けとっている。結婚後の意思表示、すなわちこの作品内の生涯における殆ど唯一の、自らの決定に基づく意思表示は「二人でKの墓参りをしよう」である。

結婚した時お嬢さんが、――もうお嬢さんではありませんから、妻《さい》と言います。――妻が、何を思い出したのか、二人でKの墓参りをしようと言い出しました。私は意味もなくただぎょっとしました。どうしてそんなことを急に思い立ったのかと聞きました。妻は二人揃ってお参りをしたら、Kがさぞよろこぶだろうと言うのです。私は何事も知らない妻の顔をしけじけ眺めていましたが、妻からなぜそんな顔をするのかと問われてはじめて気がつきました。

私は妻の望み通り二人連れ立って雑司ヶ谷へ行きました、私は新しいKの墓へ水をかけて洗ってやりました。妻はその前へ線香と花を立てました。二人は頭を下げて、合掌《がっしょう》しました。妻は定めて私といっしょになった顚末《てんまつ》を述べてKによろこんで貰うつもりでしたろう。私は腹の中で、ただ自分が悪かったと繰り返すだけでした。

「先生」はなぜ「意味もなくただぎょっと」したのであろう。理由は二つあると思う。一つは絶対に自らの決定で意思表示をしないはずの「お嬢さん」が意思表示をしたこと。第二にその対象が「K」の墓であったことであろう。

第二の点はしばらく措き、第一の点だけ考えると、この作品は終始「お嬢さん」の意志を全く無視して進められている。もちろんこれは単に当時の慣習では説明がつかない。他の作品には、当時の慣習に従った意思表示の方法がいくらでも示されており、漱石の他の作品とてその例外ではないからである。これはむしろ逆であって、漱石が、当時の慣習を逆用して「去私の人」を設定したと解すべきであろう。もちろんこれは他の人物と同様『こころ』という作品の「実験装置」の中に設定されているのだが、こういう人間が現実に存在するかどうかは、他の場合と同様に、問題にならない。同時に実験装置の中の実験は、虚構ではない。実験とはあくまでも目の前で起る現実であり、ただそれは、普通の状態なら不可避的に作用してくる他の要素を排除しているに過ぎないからである。

従って何らかの理由で、この実験状態と同じ状態が現出すれば、全日本人が、男性も女性も「去私の人」になって不思議ではないわけである。

さてここで「K」に目を転じよう。この「天性は他《ひと》の思わくを憚るほど、弱く出来上がって」おらず、「こうと信じたら一人でどんどん進んで行くだけの度胸もあり勇気もある男」が、養家をあざむいてまで到達しようとしたものが、実は同じく「去私の人」であることに気づく。彼の言った「道のためなら……」は「道に即すべく去私になるためなら、養家をあざむくぐらいのことは一向にかまわない」の意味であろう。そして「先生」が「K」に非常に強い親愛感をもつのは、「去私の人」への親愛感である。

そして「先生」の「お嬢さん」への思慕も、実は、「去私の人」への思慕なのである。従ってこれを恋だとか、相手は女だとか考えると、その感情が「先生」自身にも整理がつかなくなってしまう。それを示す部分は前に引用したが、「畢竟女だからああなのだ、女というものはどうせ愚《ぐ》なものだ」と「それほど女を見くびっていた私が、またどうしてもお嬢さんを見くびることが」できず、逆に「その人に対して、ほとんど信仰に近い愛」をもっているのは、「先生」は、女は軽蔑できても、「去私の人」という対象は、それがだれであれ、「信仰に近い愛」をもっているからである。従って「私は他《ひと》を信じないと誓いながら」お嬢さんすなわち「去私の人」だけは信ずる。そこで、もし「お嬢さん」も「去私の人」でないのではないか、という疑念が一瞬でも起ると「急に苦しくってたまらなくなるのです。不愉快なのではありません。絶体絶命のような行き詰った心持になるのです」ということにならざるを得ない。

「お嬢さん」は「去私の人」だから、周囲の人はすべて、当事者の「先生」も「K」も、「お嬢さん」の意志ははじめから問題にしていない。そのことは、二人の念頭に全くない。ということは、たとえ「お嬢さん」が現実にはどうであれ、二人の「信仰に近い愛」の対象は「去私の人」であり、それを「お嬢さん」に仮託しているにすぎないからである。同時に「お嬢さん」は、自らが「去私の人」だという意識がない。

言うまでもなく、本当に「去私の人」がいたら、その人は「去私の人」という自意識をもつはずがないからである。従って「お嬢さん」は常に、いずれの対象とも緊張関係に入らない。「先生」は「K」との最初の議論で、意識せずにこの点をついている。同じ「去私の人」でも「K」は明らかに違うからである。

「K」は前述のように「即道去私」の人が、そう自己規定している人か乃至は「即道去私」を目指している人である。従って彼にも「自らの決定による意思表示」はないはずであり、決定はすべて「道」に即して行なわれるはずだから、一切の決定は「道」が行ない、「道」に基づく意思表示があるはずである。

ここに「先生」が自ら言うごとく、最も「残酷な答え」――「狼が隙を見て羊の咽喉へ食いつくよう」な答えがありうるわけである。「君の平生の主張をどうするつもりなのか」――「君には、君が平生主張する『道』なるものの決定に基づく意思表示しかないはずではないか。養父母を欺いたのも、『道のため』すなわち『道』の決定乃至は『道』との関係に基づく決定による意思表示であるがゆえに『かまわない』のではなかったか。今君が、自らの決定に基づく意思表示をすることは、『道』を裏切ることであり、同時にそれは『即道去私』という自分を抹殺することになるではないか」と言えるわけである。

これに対する「K」の答えはただ「苦しい」である。彼は一種の「宙づりの人間」で、「道」という気球にすがって、あらゆる引力に抵抗している。従って彼をどこへ引っぱって行くかは「道＝気球」が決定する。しかし元来「去私の人」は無重力のはずで、彼も自分は無重力だと思い、「先生」もそう見て、「道」はただ方向を決定する羅針盤と見ていた。しかし「お嬢さん」という吸引力は、「道」という気球で作られた重力と浮力のバランスを横合いから一挙に破ってしまう。「宙づりの人間」といえば、だれでもハイデッガーを連想しよう。従ってハイデッガーとナチズムの関係と、「去私」と超国家主義との関係は非常に面白い問題だが、両者の厳密な比較はここでの課題ではないから、将来のこととしよう。ただここで興味深いことは、「去私」の力、一種の負のエネルギー乃至は虚のエネルギーという問題である。

「先生」は、たとえ狼のように残酷であっても、その残酷さは、あくまでも気球をもっとふくらませて、吸引力の圏外に飛ばせてしまうことであった。そしてそれが「道に達しようが、天に届こうが、私は構いません」である。しかし実際は、「先生」の言葉は気球を破裂させ、「K」を墜死させてしまう。ということは、本当に「K」を殺したのは吸引力、すなわち「去私」の人のもつ不思議なエネルギーであって、「先生」ではないのである。しかし確かにそういう言い方は、墜落は重力の責任である、という言い方だとも言える。

「去私」＝虚のエネルギー

『こころ』の非常に面白い点は、漱石が「お嬢さん」の意向という問題を、あらゆる技法を使って封じてしまい、読者に極力、意識させまいとした点にあるであろう。それは、この作品は「お嬢さん」の意向が出てきたら成り立たないからである。

もちろん、ある種の意向があるということと、この意向に基づいて決断を下し、この決断を実行に移すこととは別である。いわゆる「社会の壁」と意向とは関係ないのであって、これが作用するのは、決断と実行の段階である。決断は下したが社会的制約のため実行に移す勇気がない場合、あるいは、決断そのものさえ下せなくなる場合はもちろんある。しかしこれは、何らかの意向があって初めて生ずることで、そのことは逆に、明確な意向があることを証明しているにほかならない。

二人の青年を前において、「お嬢さん」に、何の意向もないという設定、いわゆる「かりそめの意向」すなわち「もし結婚するなら……」という意向さえないという設定は、「去私の人」という概念の全然ない民族には、いかに漱石の技巧をもってしても、通じないのである。従って、「去私の人」を感覚できない民族、たとえばヨーロッパ人には、この作品は、全く別の作品のように読まれてしまう。それは、この作品の梗概《こうがい》を少し懇切に説明して相手の反応を見れば、だれにでもすぐにわかる。彼らはごく自然に「お嬢さん」は、二人に等分に好意を抱いていると解する。いわば両方とも好きで甲乙つけがたい心境ということになる。

この解釈は途中まではごく自然に成り立つ。すなわち「先生」と「K」は、親友でありながら、一人の女性の愛を争って決闘する騎士になる。「お嬢さん」は自分の意向を明かさず、黙ってこの決闘の結果を見て、勝者と結婚するつもりでいる。もちろん知能の決闘である。従って最初の一撃は、不意打ちの形でいきなり「K」から「先生」に下される。そうでなければ「K」がまず「先生」に打ち明けた理由の説明がつかない。「先生」はこの一撃でたじろぎ、殆ど負けたと意識しそうになるが、機会を捕えて必死の反撃を試み、「隙を見て羊の咽喉笛へ食いつく」ような一撃を与え、ほぼこれで勝利は確保できたと安心する。従って「(その)晩は、私にとって比較的安静な夜でした……私の眼には勝利の色が多少輝いていたでしょう、……ほかのことにかけては何をしても彼に及ばなかった私も、その時だけは恐るるに足りないという自覚を彼に対しても っていたのです」ということになる。ところが、「K」の「覚悟」という言葉を吟味しているうちに、恐るべき反撃が自分に加えられそうな予感がしてくる。そこで先手をうって、「仮病を遣《つか》」い、当時の社会的慣習に基づいて「奥さん」に申込みをする、という設定になる。

ここまでは、この設定は成り立つ。しかし、その設定は二つの点で無理がある。その一つはもしそうなら、「結婚した時お嬢さんが、――もうお嬢さんではありませんから、妻と言います。――妻が、何を思い出したのか、二人でKの墓参りをしようと言い出しました……」に始まる前述の引用部分は、非常に恐しい残酷な言葉になってくる。勝利の有様を、地下の敗者に誇示しに行こうという意味になってしまう。するとそれにつづく「Kがさぞよろこぶだろう」は敗者・死者への嘲弄《ちょうろう》に等しい。そして女性のもつ余りの残酷さに「先生」は「ぎょっと」したことになってしまう。だが、いかなる理論をもってしても、精神分析学、深層心理学をもって来てどうこじつけても、この解釈は成り立たない。そしてまたここで、われわれは、竹林の薄明の中に迷いこんでしまう――その「前へ線香と花」を立てて合掌する新妻の鮮かな姿を見ながら。そして、「お嬢さん」すなわち、以後の「先生」の奥さんのどこを探っても「アンコンシャス・ヒポクリット」の要素はないのである。

もちろん「先生」の「奥さん」は小説中の人物だから、この問題は一に漱石がどのような人物を設定したかにある。無意識な偽善者《アンコンシャス・ヒポクリット》という訳が適訳か否かは、しばらく措き、この言葉をそのまま流用すれば、この「お嬢さん」はまさに「無意識の去私の人」といえる。そしてこの両者「無意識の偽善者」と「無意識の去私の人」には不思議な共通点があり、それは『行人』の女主人公に現われる一面であろう。従ってもしこの小説を西欧式に解釈していくと、「お嬢さん」＝「先生」の「奥さん」は、最も徹底した、本当に無意識の偽善者になってしまう。すなわち「生涯一度も嘘をつかなかったが、その生涯が一つの嘘であった」人間になりうる。これは「去私の人」が必然的に生み出す影ともいうべき部分で、これが「人間」をもち出すことが一つの言い逃れと映り、それが「日本人偽善者論」の一つの要素であることは否定できない。しかし漱石はこの作品では徹底的にその影を消している。

もう一つの点は後述するとして、その結果ここに「去私の人」という一種の「虚のエネルギー」をもった女性が出現するのである。意向もなく、決断もなく、意志もない、という人格があり、そういう人格に強い魅力を感ずる伝統があれば、それは一種の真空状態であり、それがもつエネルギーは、一種「台風の目」に似たエネルギーになる。従ってまず「先生」が木の葉のようにそのまわりをまわり、ついで、「K」もこの真空の吸引力に抗しかねて、「苦しい」といいつつも、その渦に巻き込まれて脱することが出来ない。そしてこれは「無意識の去私の人」という「お嬢さん」の意向とは全く無関係に起っているのである。

こういう「虚のエネルギー」は確かに日本には現実に存在する。本人は利害関係とか人間関係とかいったものはもちろん、いわば「生存欲」さえ意識していない、というよりそういうことを感ずる感覚が欠如しているとしか思えない人物は、歴史上にも現実にも確かに存在している。

これは一種の「去私の人」いわば真空的人格だから、本人は台風の目の如くに静穏なのに、周囲に異常なエネルギーを巻き起す。そして本人が無自覚であればあるほどこのエネルギーは大きくなる。その力は、時には外国人をさえ圧倒する。彼らは最初は必ず「無意識の偽善者」としてこれに対する——しかし、そうでないことに気づいたとき、一種の無抵抗状態にすらなってしまい、その人物を冷静に評価できなくなってしまう場合さえある。

この点で、この作品に乃木将軍が登場するのは偶然ではない。彼を軍神にしたのは、実は、日本人ではない。むしろ逆輸入であって、少なくとも戦争中と直後は「乃木無能」が定評であった。彼は確かに無能である、というよりむしろ「即天皇去私の人」であり、この点でまさに真空的人格であった。

従って彼は、意志、決断、それに基づく指導力などははじめから皆無なのが当然であり、ただその真空的人格が周囲に異常なエネルギーを巻き起させただけである。そして、それが発揮する——というより実際には「させる」だが——一種独得の力に、逆に、彼を超人乃至は超人的偉力をもつ指揮官と錯覚したのは、日本人よりむしろ外国人であった。彼らには「去私の人」のもつ真空が発生させるエネルギー、それは理解できないが故に、かえって不思議な魅力になっていき、自分もそれに巻き込まれて、正当な評価を下しえなくなってしまうのである。

実はこれが「天皇制」のもつエネルギーである。中心に、欲望の無重力状態、人間関係・社会関係における無菌人間を設定して、一種の真空状態を作り出す。これを「去私の人」と言いうるなら、そういって良い。本人は真空であるから、一切の意向はない。いや、たとえあっても、ないと設定される。従って意思決定も決断もない。それが徹底すればするほど、それはますます真空状態を高め、それが周囲に異常なエネルギーを巻き起して台風を発生させ、全日本を包み、東アジアを巻き込み、遠く欧米まで巻き込んで、全世界を台風圏内に入れてしまう。しかし「台風の目」は、静穏であり虚であり、真空であって、ここには何もない。たとえ「目」が非常な早さでどこかへ進行しても、それは、周囲の渦巻が移動させているのであって、「目」が「目」の意向に従って進路を決定しているのではない。

だがこの「去私」のエネルギーは、その「目」が、真空でなくなれば、瞬時にして消える。これが「終戦」の謎であろう――「去私」の意思表明は、一挙にこのエネルギーを消失させる。そして、その後で、あの恐るべきエネルギーの根源は何であったかを、いくら探しても見つからない。従って「戦争中の天皇の意向は実はかくかくしかじかであった」などという裏話は、「お嬢さんの意向は、実は『先生』であって、『K』は念頭にはなかった……」などという解説同様、はじめから全く意味をもたない。

「ドングリのスタビリチー」から「天体の運行」に飛躍したように、話が余りに飛び離れているように感ずる人もいるであろうが、両者の中間には実に無数に「去私」の「虚のエネルギー」で動いている集団があり、驚くなかれ、利潤追求の企業乃至は企業集団にまで実在し、極端な実例には、セールスマンの集団ともいうべき企業で、中心に

「虚」が位置して、異常なエネルギーを発揮させているものまである。こういうさまざまな「目」の小集団が、次第次第に一つに集まって、恐るべき虚のエネルギーを発揮しつつ、どこへ移動して行くか自らも知らず、恐るべきスピードである方向へ進んでいったのが昭和であり、これは確かに明治のおくった『遺産』である。そしてその進路は、台風の進路の如く、当時はだれも知らなかったし、今の進路もだれも知らない。そしてそれを探しうるものがあるとすれば、歴史だけであろう。

「先生」＝去私を求めた人

「先生」は「去私の人」ではなかった。「去私の人」たりえず、最後まで「去私の人」を求めつづけた人であった。「先生」は、叔父に財産を奪われたとして、それを、生涯の屈辱とし、「人から受けた屈辱や損害は十年たっても二十年たっても忘れやしないんだから」と言っている。

私は他《ひと》にあざむかれたのです。しかも血のつづいた親戚のものからあざむかれたのです。私は決してそれを忘れないのです。私の父の前には善人であったらしい彼らは、父の死ぬや否や許しがたい不徳義漢に変ったのです。私は彼らから受けた屈辱と損害を小供の時から今日《きょう》まで背負《しょ》わされている。恐らく死ぬまで背負わされ通しでしょう。私は死ぬまでそれを忘れることが出来ないんだから。しかし私はまだ復讐《ふくしゅう》をしずにいる。考えると私は個人に対する復讐以上のことを現にやっているんだ。私は彼らを憎むばかりじゃない、彼らが代表している人間というものを、一般に憎むことを覚えたのだ。私はそれでたくさんだと思う。

ここに出て来る「『人間』というもの」はしばらく措く。

ただ『遺書』で読む限り、「先生」は、財産の大部分を奪われるままに放置したはずである。あくまでも財産を守るか、その大部分を放棄しても遊学を選ぶかは、「先生」自らの意向に基づく決心と決断であって、その決断は「先生」自らが下したのであって、他に強制されたのではない。従妹との結婚の拒否も、下宿を選ぶのも、「K」を招じ入れたのも、「K」とお嬢さんを断ち切るべく処置したのも、お嬢さんに結婚を申込んだのも、「K」の墓を雑司ヶ谷に建てたのも、「私」に『遺書』を送ったのも、自殺したのも、すべて「先生」自らの決断であり、決断するための状況は他が起したものであっても――それは常に他が起すものである――、決断は「先生」が下したはずである。

しかし「先生」は自殺まで、殉死という形をとる。殉死は、いわばシャム双生児の一方が死ぬと他が自動的に死ぬようなもので、純然たる「自殺」とはいえない。しかし「先生」の殉死は、そういった本当の殉死とはいえず、いわば「明治」に仮託して殉死の形をとった自殺にすぎない。そのことは「先生」自身も認めている。いわば乃木大将が「即天皇去私」で、天皇の死とともに自動的に死ぬように、自分は「即明治去私」だから、明治が終ると同時に自動的に死ぬという形をとる、といったわけであろう。

確かに「先生」は、欲望の無重力状態、人間関係の無菌人間たりうる状態にいた。ただ「K」と違って自らの意向・意志を仮託すべき対象、すなわち「道」をもたなかった。従って自己の決断を絶えず他へ仮託する。これが「先生」の財産問題への執念となり「大変執念深い男」にしてしまう。だがもしこれが「K」なら、ある意味では、自ら原因を作って同じような状態――というよりさらにひどい状態――に落ちたとしても、はじめからそれは問題はない。「道のためなら……」いわば「去私」となって「道に即してその意思決定に従うならば……」そんなことは、はじめから問題ではない。しかし「先生」はそうはいかない。そしてその感情は、利害関係ではなく――というのは利害関係においては東京への遊学を選んだことを「先生」は全然後悔していない——むしろ意志を仮託した「道」に裏切られたといった感情である。

「私はまだ復讐しずにいる」と「先生」はいう。一体「先生」の言う復讐とは具体的に何を指すのであろう。おそらくこの言葉には何の具体的内容も計画性もあるまい。これが日本人の「うらむ」という感情であり、従って「彼らが代表している人間というものを、一般に憎む」という言葉はおそらく「彼らが代表している『去私でない』人間を」の意味であり、それは「人をも世をもうらむ」という感情とおそらく同じであろう。

言うまでもなく「うらむ」は決断を他に仮託した場合に起るが、これが転じて、他に仮託したと考えない場合すら「自らをうらむ」という感情も起る。

しかし「先生」は、父の平生の言葉と母の遺言によって、叔父を「道」として直接に自己の意志を仮託していたわけではない。「先生」は、叔父の意向は全く無視して、自分の決断に従って行動し、実質的に叔父に求めたのは、善良なる管財人であったかに見える。しかしそれだけなら単なる財産争いだが、それですまなかったのは、「先生」が叔父に「去私」を求めたからである。父母の言葉から叔父を、何らかの「道」に即している「去私」の人と見、叔父の道に即してそれに自分の意志を仮託しようとは思わなくても、なお叔父を「去私の人」とは見ていた。そして裏切られたと感じた。

もちろんこういった小事件は、日本では絶えず起るであろう。いわゆる「よろしくお願いします」は「あなたを『去私の人』と信じて、一切を委任します」の意味であろうから、これを裏切ることは相手だけでなく「去私」を裏切り同時にその人の「道」を裏切ることになるであろう。この関係を、「人を裏切ることは、律法を裏切ること、すなわち神を裏切ること」というユダヤ教の考え方と対比すると面白いが、これは別の機会に譲ろう。

「先生」は「K」を「即道去私」と考え、「お嬢さん」に関しては大丈夫と心底では信じていたことは前述したが、ここで興味深いのは「K」も「先生」を「去私の人」と考えていたことである。「K」がなぜいきなり「先生」に恋を告白したかは、この作品の中の、一番興味深い問題であろう。恋を争う「知能の決闘」という設定は成り立たない理由の一つは前述したが、ここでもう一つの理由をあげれば、それは、「先生」の結婚申込みを「お嬢さん」の母から聞いたときの「K」の態度である。「お嬢さん」の母はそれを「先生」に淡々と語る。

「道理で妾《わたし》が話したら変な顔をしていましたよ。あなたもよくないじゃありませんか、平生あんなに親しくしている間柄だのに、黙って知らん顔をしているのは」

私はKがその時何か言いはしなかったかと奥さんに聞きました。奥さんは別段何にも言わないと答えました。しかし私は進んでもっと細かいことを尋ねずにはいられませんでした。奥さんはもとより何も隠すわけがありません。大した話もないがと言いながら、いちいちKの様子を語って聞かせてくれました。

奥さんの言うところを綜合《そうごう》して考えて見ると、Kはこの最後の打撃を、もっとも落ちついた驚きをもって迎えたらしいのです。Kはお嬢さんと私との間に結ばれた新しい関係について、最初はそうですかとただ一口言っただけだったそうです。しかし奥さんが、「あなたもよろこんで下さい」と述べた時、彼ははじめて奥さんの顔を見て微笑を洩らしながら、「おめでとうございます」と言ったまま席を立ったそうです。そうして茶の間の障子をあける前に、また奥さんを振り返って、「結婚はいつですか」と聞いたそうです。それから「何かお祝いを上げたいが、私は金がないから上げることが出来ません」と言ったそうです。奥さんの前に坐っていた私は、その話を聞いて胸がふさがるような苦しさを覚えました。

「K」は、「変な顔」をした。起るはずのないことが起ったのである。小説として批評した場合、確かにこの作品は、この点に非常な無理があろう。しかし「実験装置」ならば、こう設定しなければ、この作品は成り立たない。「K」はあくまでも「先生」を「去私の人」と見、自分の決断を彼に仮託したわけである。従って「先生」は「要塞の地図を受けとって」「ゆっくりそれを眺め」て、「ただ一打ち」で倒すことが出来たわけである。

そして「先生」が「君は『道』という気球をさらにふくらませて、『お嬢さん』という虚のエネルギーすなわち『台風の目』の圏外に飛び去るべきだ」と言っても、これは「K」にとってはむしろ予期した当然の返答にすぎなかったであろう。またそのとき「先生」が、少なくともそのときだけは「去私の人」としてこう決定したなら、それ自体何ら問題ではないはずである。また非常に通俗的に「恋は青年期の一過性熱病のようなもの、それで今までの『精進』を無駄にし、生涯の方針を誤るな」と注意する者がいても、そのこと自体を「K」は少しも不思議に思わないであろう。従って「返答自体」はもちろん問題でない。

ここの問題はただそれが「去私の人」の返答であったか否かだけである。言葉自体の意味が同じでも、その言葉がだれの「口を通して」語られたかで、内容が全く変ることは、別に珍しいことではない。神を感覚していた聖書時代の人びとは「神の口を通して……」「預言者の口を通して……」という言い方をしてこれを人の言葉と分けているが、同じように日本人は今も「去私の口を通して」か否かで、言葉をわけている。

言うまでもなく「K」は、「先生」の言葉を「去私の人の去私の口を通して語られた言葉」として受けとり、その言葉に対して「覚悟」ができている、と言ったはずである。従ってその夜、寝ている先生に呼びかけた「K」の「声は不断よりもかえって落ちついていたくらいでした」であり、たとえ彼の内心にどのような激情が渦巻いていようと、それが「先生」に向って発散するはずはない。

「……もう一遍彼の口にした覚悟の内容を公平に見廻したらば、まだよかったかも知れません。悲しいことに私は片眼《めっかち》でした」。これは「先生」のつきざる悔恨というより、むしろ叔父への「うらみ」と同質で、ただ方向が逆の「去私」を裏切った「己れをうらむ」という感情であろう。しかし「K」はこのことを何も知らず、あくまでも「先生」を「去私の人」と見、「先生」の言葉は、「去私の口を通して」語られた言葉だと信じている。しかしついに「お嬢さん」の母「奥さん」から、「先生」の言葉が「去私」でなく、「先生」は「去私の人」でないことを知る。その二日後に自殺する。その事務的な遺書の本文はむしろ「もっと早く死ぬべきだのになぜ今まで生きていたのだろう」という意味の添え書きであったろう。

「K」はなぜ自殺したのであろう。「先生」は当然「失恋」と考え、はじめはその自責の念に打たれる。しかし、

同時に私はKの死因を繰り返し繰り返し考えたのです。その当座は頭がただ恋の一字で支配されていたせいでもありましょうが、私の観察はむしろ簡単でしかも直線的でした。Kはまさしく失恋のために死んだものとすぐきめてしまったのです。しかしだんだん落ちついた気分で、同じ現象に向って見ると、そう容易《たやす》くは解決がつかないように思われて来ました。現実と理想の衝突、——それでもまだ不充分でした。私はしまいにKが私のようにたった一人で淋《さみ》しくって仕方がなくなった結果、急に所決《しょけつ》したのではなかろうかと疑い出しました。そうしてまたぞっとしたのです。私もKの歩いた路を、Kと同じようにたどっているのだという予覚が、折々風のように私の胸を

横過《よこぎ》り始めたからです。

ということになってくる。確かに失恋ではない。もちろん現実と理想の衝突などという言葉では表現できない。『日本教について』でのべたように、理想とか現実とかいう言葉は、元来、日本教には関係がない。

ここの漱石の言い方は、ある意味では実に適切であって、そういう言葉を代置して表現しきれる状態ではないことは確かである。

そして「先生」は「一人で淋しくって仕方がなくなった」結果の自殺ではないかと考えはじめる。そして結婚直後に「お嬢さん」＝「先生の奥さん」が「二人揃って（Kの墓に）お参りをしたら、Kがさぞよろこぶだろう」と言ったのも、その後の先生の変化に接して「Kさんが生きていたら、あなたもそんなにはならなかったでしょう」と言ったその理由も、おそらくこの点にあるのであろう。

「K」にとっての致命的打撃は、「先生」の言葉が実は「去私」を通じて出たものでないことを知っても、その言葉自体には反論・否定の余地がない点にある。「先生」は「K」が平生公言している自己主張を口にしただけだから、これを否定すれば、自己を抹殺することになる。結局彼は、すべての人が倒れる時と同様に「自分の言葉で倒れた」わけだが、それが「虚欺」の口から発せられても否定できないことは、自分を虚欺すなわち偽善者ならぬ「偽去私者」と自己規定せざるを得なくなったことである。

この点興味深いことは、もし「先生」が先に「K」に恋の告白をして、自己の決心を仮託したらどういう結果になったであろうか、という点である。もちろんこういう仮定に立っては「実験装置」のレトルトをはずして別の実験をしてしまうことになろうが、「K」の態度はおそらく「お嬢さん」の母「奥さん」から話をきいたときと余り違わなかったであろう。「もっとも落ちついた驚きをもって迎え」ても、その恋の成就を私も願うといったであろう。そしてこの方が「K」にとっても「先生」にとっても「救い」だったはずである。

「K」はその打撃に耐えることによって、自らの「即道去私」を信じえたし、「去私の人」でない「先生」は、「道」は「K」に託し、「去私」は「お嬢さん＝奥さん」に託すという、それまでの生活をつづけ得たであろう――時々「君は人間らしいのだ、それなのに……」といった議論をしながらも。そして結婚の直後、「K」の墓へ参ろうと言った「奥さん」の頭の中にあったのは、おそらくこの図式である。そしてその言葉が、結局「先生」の致命傷になる。

「先生」はこれから逃れるためあらゆる手段をとり、結論は結局「仕方がないから、死んだ気で生きて行こうと決心」した。いわば「死者として、死者の時」を生きる決心をしたわけである。

これは「K」の道であった。「去私」とは、一言にしていえば「死者」を生きる者であろう。自己をこの世の「死者」と規定し、ただこの「死者」が予め託した「道」の意思決定にのみ従って動くということであろう。だが「K」も「先生」も「お嬢さん＝奥さん」を目の前にしながら、忘れていたことがあった――「去私」という自己規定はありえないはずだということを。

自己規定と「去私」

「去私」という自己規定はありえない。そう規定する自らの内なるものが存在する限り、それは「去私」ではない。だが、この点を無視すれば、「去私の人」は「自己の生涯」を規定して遺産として後世に贈りうるはずであるし、「虚心」と自己規定した者を無視して「虚心」でいられるはずだし、身を投げ出す自らを無視して、神の前に身を投げ出すのが信仰だともいいうる。もちろん「死者の時」を生きると規定することも出来る。そうすれば時間は過去から未来に流れるであろうし、世の行末を見られるであろうが、そう自己規定している者は「生者」であり「私」である。

「お嬢さん」を「無意識の去私の人」と一応規定したが、これをさらに正確に規定すれば、「お嬢さん」を「去私」と規定しているのは実は「他者」――この場合は「先生」と「K」――であって、「お嬢さん」は、何ら自己規定をしていない、という点で「去私」なのである。「お嬢さん」の意向などは、はじめからあるはずがない、と見られうる者が「去私の人」なのであって、「去私」と自己規定している者などは、実在するはずがないからである。

では一体、自らの意向・意志とは無関係に他者からのみ規定されて、しかも大きな力、いわば重力にも等しき力をもちうるものがこの世界に存在するか、それを、抽象的にでなく具体的に感ずることが出来る対象があるか、と問われればその対象の一つはだれでも知っているもの――すなわち「美」である。

「美」などという抽象的な言葉は美学者にまかしておいてよい。「美人」という、すべての人が感覚しうる具体的対象を思い浮べれば、それでよい。その人が自らを「美人」

と自己規定したから「美人」だなどという定義をうけ入れうる男性は一人もいるまい。その人が生涯一度も鏡を見たことがなく、自分の顔も容姿も全く知らなくとも、美人は美人である。このことはもちろん、美に客観的基準がないということではない。しかし、鏡を見て、客観的基準に基づいて自分を美人と判定したことは、客観的基準すなわち他者の規定を意識したことであっても、自己規定ではない。

この点、漱石の描く「お嬢さん」には「去私」を象徴する美とでも言うべきものがみごとに描かれている。「奥さんは口へは出さないけれども、お嬢さんの容色に大分重きを置いているらしく……」で、いわば「お嬢さん」は客観的基準において美人なのであり、本人はそれを意識しているかいないか、本人が自分をどう規定しているか、等は一切この客観的基準に作用しないのである。「去私」も同じであって、「去私」と他者が規定しているが故に「去私」なのであって、本人が、自分を「去私」と意識しているかいないかは、「去私」には関係がないことなのである。

他者の規定とは客観的基準であり、従って「だれが見ても美人だ」という人が存在する如く「だれが見ても去私の人だ」という人はもちろん存在しうる。もちろん整形美人も存在する如く、「偽去私の人」も存在しうる。しかし整形美人というのが、美の客観的基準がない限り存在しえないように、「偽去私の人」も、「去私」の客観的基準がなければ存在しえない。ということは、「去私」とは、「他者の規定する客観的基準」であることの証拠にほかならない。従って美人が実在する如く「去私の人」も実在するが、ただしここには一つの前提が必要である。去私という他者の規定で規定した対象を、「去私」と感覚しうるか否かである。

簡単にいえば、美人の客観的基準をいかに細かく解説されても、目が見えなければ、美人を美人と感ずることが出来ないのと同じで、「去私の人」もそれを感ずる感覚がなければ感ずることはできない。従って盲人に美人が存在しない如く、「去私」を感ずる感覚がなければ「お嬢さん」を「感覚」できない。従ってそういう者には、「お嬢さん」は両者に多分に好意をもつ」という解釈しか出てこない。これは「去私」の存在を否定することであり、「お嬢さん」の美を感覚する目はあけていても、「去私」を感覚することでは盲人であることを示している。

もちろん、客観的基準すなわち他者の規定で対象を規定し、その規定されたものを実在として感覚する感覚をもたない人間はいない。この感覚をもつものだけが人間だからである。最初にこの作品の登場人物はすべて「正常な感覚」をもち、無感覚という狂気はないといったのは、このことである。しかしそのことは、すべての人、すべての民族が、同一の感覚をもつこと乃至はもちうるということではない。

「他者の規定」といえば、人は当然、イスラエルの「神の律法」という言葉をも連想するであろう。以下の安易な対比をそのまま事実と思われてはこまるが、この「神の律法」という「他者の規定」の遵守に異常な情熱を傾けることが、それを規定した他者を実在として感覚させうる、という図式は理解できるであろう。ただ理解とは常にそこまでであって、個人であれ民族であれ、感覚を共有することは出来ない。しかし「去私」という「他者の規定」そのものと、その内容は、われわれにも探究できるし、知ることも出来るわけである。

以上のことは、結局私は、漱石の意向とは関係なく『こころ』という作品を、「天皇制のパイロット・プラント」として見ていたということである。それは、私が日本の歴史について何か書くとすれば、私の位置は『こころ』を「天皇制のパイロット・プラント」として見た位置であり、その位置でしか対象を見得ない、ということである。そのことの当否は私には関係ない。見えた通りに書くだけである。従って『こころ』は私の日本史の序説である。

『こころ』という実験装置に、今までも二、三の仮定を入れて、別の実験をやってきたが、最後にもう一つ実験をしておこう。「お嬢さん」否「奥さん」否「未亡人」は、「先生」の墓をどこに建てたであろう。それは「K」の墓の隣り以外にない。そしてこの去私の人は、自らのもつ虚のエネルギーを全然自覚せず、「自己規定の去私」の墓に、結婚直後に参ったと同じように参るであろう。

「先生」の墓碑銘は、「先生」が殉死を仮託した「明治」のはずである。「去私」はもちろん、それと知らずに「自己規定の去私」の明治を殺し、その墓を建て、その墓に参る――それが昭和であり、従って昭和の実体は、実は徳川期へと指向する無意識の明治の「反動期」なのである。もちろん「反動」とは回帰ではないが――、しかし反動は、必ず規模は大きく、ある面は徹底する。その意味では『こころ』は昭和のパイロット・プラントである。従って『こころ』は一つのヒストリアだが、しかし年代記《クロノロジイ》ではない。そこで次項からは年代記にかかろう。

第Ⅱ部　南北朝と天皇

一、『神皇正統記』を貫く判断と行動の基準

天皇制擁護に汲々とする……

此天皇性悪《せいあく》にして人主の器《うつわもの》にたらずみえ給ければ、摂政なげきて廃立《はいりゅう》のことをさだめられにけり。昔、漢の霍光《かくこう》、昭帝をたすけて摂政せしに、昭帝世をはやくし給しかば、昌邑王《しょうゆう》を立て天子とす。昌邑不徳にして器にたらず。即《すなわち》廃立をおこなひて宣帝を立奉りき。霍光が大功とこそしるし伝《つたえ》はべるめれ。此大臣まさしき外戚《げしゃく》の臣にて政《まつりこと》をもはらにせられしに、天下のため大義をおもひてさだめおこなはれける、いとめでたし。されば、一家にも人こそおほくきこえしかど、摂政関白はこの大臣のすゑのみぞたえせぬことになりにける。つぎ〳〵大臣大将にのぼる藤原の人々もみなこの大臣の苗裔《びょうえい》なり。積善《しゃくぜん》の余慶《よきょう》なりとこそおぼえはべれ。

以上は、『神皇正統記《じんのうしょうとうき》』の第五十七代陽成《ようぜい》天皇の項における、摂政藤原基経《もとつね》に関する記述である。『神皇正統記』という本への、さまざまな「立場」からの通俗的解説を聞いたことはあっても、直接自らその本文を読んだことのない人には、以上の記述は非常に不思議に思われるであろう。

この記述の中で最も重要な点は、基経による陽成帝廃立の記述そのものでなく、むしろ、それに対する著者北畠親房《きたばたけちかふさ》の態度である。親房はこの基経の行為を非常に立派だと称讃し、そういう立派な行ないをしたがゆえに、その「積善の余慶」で、その子孫がみな大臣・大将になったと言っている点である。

とすると、彼は一体何を考え、どういう思想を、その判断と行動の基準にしていたのであろうか？　こういう疑問をもってこの本を読むと、そこには後代が勝手に再構成した「南朝の柱石」とは全く別の、非常に明確な考え方をもった一人の人間が浮びあがってくる。もっとも、後代は彼の「再構成」には全くてこずっており、人によっては、「どうにもならん」と投げ出している。なぜそうなるか。理由は簡単で、再構成しようとするから、そうなるにすぎないのである。

その「人」と、同時代であれ後代であれ、だれかが再構成したその人の「像」とは全く別ものである。「像」はあくまでも再構成した人の思想・知識・感情等からの所産、つまり「再構成した人」を表わすものであっても、それによって「再構成された人」を表わすものではなく、その人はそれと無関係である。この原則は、前述の「歴史とはそれが書かれた時代のもの」であっても「それに書かれた時代のもの」ではない、というのと同じである。

なぜこのことを繰返し主張するかと言えば、この原則を踏みはずすと、「マッカーシー赤狩り」や「異端審問」が始まるからである。いわゆる西欧における「異端審問史」などを引用するよりも、日本を例にひいた方がわかりやすいであろう。この場合、多くはまず過去の再構成にはじまる。過去の人物は抗弁できないので、どうにでもなるから、「忠臣・逆臣」「南朝方・北朝方」「尊皇・佐幕」「右翼・左翼」とかに分類して、再構成してしまう。

ところがこの場合、「再構成された人」は、あくまでも「再構成した人による像」であって、された「人」とは関係はない。従って北畠親房が「忠臣」で、足利尊氏《たかうじ》が「逆臣」だなどという規定は、そう規定した人の思想を表わしているだけで、本人には関係ないのである。そこで、規定に合うように、その人のある部分を消し、ある部分に伝説を付加して虚像を作りあげるわけだが、それを逆にしてその伝説部分を削り、削られた部分を復刻した上で、その規定をそのままあてはめて、二人の関係を逆転させ、親房を「逆臣」にし、尊氏を「忠臣」にすることも可能なのである。

そこで、「あなたの言うことは少しおかしいと思います。こういう史料がありますから、あなたの規定をあてはめれば、親房が逆臣で、尊氏が忠臣という結果になりますが」というと、この「過去を再構成」した人間は、今度は、その再構成に適合するように同時代の再構成を強行しようとするわけである。すなわち「尊氏を逆臣といわない者は逆臣」という論理で、同一の規定によって、さらに同時代人の再構成にかかるわけである。

この場合、否定的にその再構成の対象とされた個人は、常に抗弁の余地がない。なぜなら、それは実はその「人」でなく、再構成を強行する人間の思想が生み出した「像」にすぎず、その「人」とは全く無関係だからである。さまざまの形の「異端審問」の危険とわれわれは常に隣接して住んでいるのだから、われわれは常に、「歴史上であれ同時代であれ、『再構成された人』とは、再構成した人にのみ関係があるので、そのものによって対象とされた『人』は、その再構成とは一切無関係」だということを各人が銘記しておくべきであろう。

この関係は実は対外関係にもあてはまる。今から四十年ぐらい前にオコンロイというイギリス人がいた。姓から見るとアイルランド系と思われる。彼は東京で語学教師を勤め、排英気分が濃厚になった日本を去り、母国で日本に関する一書を著し、非常に評判になった人である。今では、もうだれも、そんな本の存在も記憶していまいし、当時も、日本ではおそらくだれも知らなかったのではないかと思う。

当時イギリスの対日感情も相当に悪かったが、この本の何より悪い点は、この感情に適合するように日本を再構成した点にある。従って、この「再構成された日本という像」は、イギリスの民衆の感情と彼の私的感情の所産であっても、「日本」とは関係がないのである。そして彼自身は、母国の対日感情を日本で増幅させて持ち帰ったというだけであった。問題は、彼が日本の言語・歴史・伝統等には、何一つ関心すらなかったという点である。

このオコンロイ氏と同じタイプの日本人も相当に多いように思う。いずれの地を例にとってもよいわけだが、たとえばヴェトナムである。『ヴェトナム＝英語辞典』は相当完備したものがあり、これは出版社が商業的採算のもとに出版している。ではこれに匹敵する『ヴェトナム＝日本語辞典』があるのか、またあれだけヴェトナムについて論じられているのだから、出版したら皆が争って欲しがるか、と問われれば、おそらくそうはならず、オコンロイ時代のイギリスと同じだろうと思う。

というのは好感情を基礎に再構成しようと、悪感情を基礎に再構成しようと、感情を基とした再構成はあくまでも再構成であって、ヴェトナムそれ自身とは何の関係もなく、人びとは、ヴェトナムそれ自身を知るための第一歩として、辞書がほしいとすら考えていないのも、あの時代のイギリスと同じだからである。

実をいうとこれが一番危険な関係であって、その破綻《はたん》はごく短時日に来る。その際、好感情か悪感情かは、もちろん関係はない。イギリスはインドを植民地としたが、今でも親英インド人は非常に多い。私があるインド人にこの理由をたずねたところ、彼は黙って書棚からあの大きな『サンスクリット＝英語辞典』をもってきて示した。イギリス人はインド文化そのものに非常に深い敬意を払っており、それを知るために労をおしまなかった。私は、インドがイギリス化したのでなく、逆にイギリスがインド化したと考えているが（これは、今は詳説しない）、インド人を親英にしているのは、イギリス人のこの深い敬意だけなのである。

敬意を払わない限り、その対象を理解することはできない。敬意とはお世辞ではない。対象を知るため努力を惜しまないことだけが敬意である。「あんな下らんもの」といってしまえばそのものはもう理解できないが、「御立派です」といいながら辞書にすら手をふれようとしなければ、やはり理解できないのである。

『神皇正統記』という、後代の勤皇家や超国家主義者をさんざんこまらせた本、建武《けんむ》時代ともいうべきこの非常に面白い時代、日本人がはじめて「政治的イデオロギー」を掲げて相争った時代、そしてその争いの中から後代の日本を決定した一つの思想を生み出した時代、このような、後代が最も再構成したがる一時代を、頑として再構成させない本、そしてある時代にはおそらく実質的には禁書に等しかったと思われるこの奇妙な本、こういう本は確かにその「時代の証人」であるから敬意を払い、かつ辞書を買っても読むに価しよう。

確かにこれはみごとな年代記だからである。では一体年代記《クロノロジイ》とは何か。言うまでもなくこれは「過去の再構成」である。北畠親房は、過去を再構成することによって、自らと同時代が、後代から再構成されることを防いでいるのである。年代記とは常にそういう役をするのであって、従って、彼の記した年代記そのものが歴史的に正しいか否かなどという議論は、実は愚論にすぎない。彼は過去を再構成することによって、自らの考えを明確に示してしまった。後代は、これをどうすることも出来ない。この点でロシアの『原初年代記』と比較すると面白いが、これは別の機会にゆずり、まず『神皇正統記』の本文から始めねばなるまい。

というようなことを考えつつ、『諸君!』をぱらぱらと開いていたら、奇妙な広告が目についた。なぜ目についたかと言うと、その広告文の中に私の名前が出てきたからである。

『殺す側の論理』という本で、その中に「天皇制擁護に汲々《きゅうきゅう》とする右翼文化人の代表ベンダサンとの公開討論」という言葉が出てきた。ハハァこれは面白い。もっとも「公開討論」は何かの誤りであろうが。

日本も戦後二十八年、その間に「歴史の再構成」――というより戦前の歴史が再構成だから「再々構成」というべきか――も終り、同時代の再々構成もすでにはじまっているはずである。またこれは必ず、ある種の転機、すなわちある時代の終りに起るのである。そしてこれが始まれば、「赤狩り」であれ「右狩り」であれ「反動狩り」であれ、何でもよい、一種の「異端審問」ははじまるはず、従ってはじまっているのであろう。

もちろんその第一歩は、審問しようとする相手を再構成して「異端」の三角帽子をかぶせねばならない。その帽子に「天皇制擁護に汲々たる右翼文化人の代表」と記し、まずは洛中《らくちゅう》引きまわし、というわけだが、こういう場合、この再構成にどう対抗すべきかという問題は非常に面白い問題である。

「歴史の再構成と同様、これは規定した人間の問題で、規定された人間には関係がない」という論理は、先進国では当然だが、後進国ではこの逆が当然なのである。また同時代の再構成とともにその時代が終ることも事実、結局、同時代はその再構成を受けつけないことによって、それの基となった「歴史の再構成」をも否定することも事実、これは『神皇正統記』が建武時代の終りを示すという事実が明示しているわけだが、この一時代の終りという波瀾《はらん》を、社会全体が、あるいは個人が、どのように最小の被害で通過して次の時代に移るべきかを考えねばならぬこともまた事実である。もちろん、先進国式に行けば、それにこしたことはないが、それが困難な場合、どういう方法をとるべきかである。

この場合、「異端審問官」は相手を異端ときめつけているわけだから、これを拒否することは不可能なのである。すなわち「私は天皇制擁護に汲々とする右翼文化人の代表ではありません」などと言っても一切無駄なのである。いかに山のような証拠を提出しても全く効果はない。これは言うまでもなく「再構成した像」をその相手に仮託して断罪しているのだから、反論は一切無意味になってくるからである。この場合、一社会であれ一個人であれ、これを克服する唯一の方法は、まず一応相手の再構成をうけ入れ、それを基にして再構成された歴史に跳び込み、その内部から歴史の再構成を打ち壊すことによって、自らへの同時代への一方的な再構成を打破する以外にないのである。結局、再構成は常に歴史の再構成から同時代の再構成へと進み、そこでその時代が終るわけだから、歴史の再構成から破壊して行けばよいわけである。

以上の言い方は抽象的だから、私自身を実例にしてもう一度説明しよう。異端審問官が、「コリヤ、天皇制の擁護に汲々とする右翼文化人の代表ベンダサンめ！」と言ったら、おとなしく「ハイ」といってから、「しかし、代表といえば私よりチカフササンではないでしょうか」と質問すればよいのである。審問官というのはがんらい無学で、「再構成された過去」を「歴史」と信じてはじめて勤まるものであるから、「なに、親房！　あの『神皇正統記』とかいう下らん本を書いた北畠親房か、あいつこそまさに『天皇制擁護に汲々とする右翼文化人の代表』だ」と言うにきまっている。というのは、そういわなければ異端審問官にはなれないからである。

そこで「では、まず北畠親房の言った通りに言いましょう」と言って、ここではじめて、再構成された過去を破壊してしまって、ついで、同時代への再構成を破棄させて、次の時代へと平穏に進みうるのである。というのは、もう一度言うが、同時代を再構成しようとするとき、その時代は終るからである。そしてこのことが、いろいろな面で、非常に面白く表われているのが、また『神皇正統記』なのである。

まことに奇妙な「南朝の柱石」

「天皇制の擁護に汲々とする右翼文化人の代表」という言葉は、皮肉なほどぴたりと再構成された北畠親房に一致する。

私が日本の歴史において、最も興味を感ずる対象は、北畠親房、新井白石、勝海舟といったタイプの人物である。いわば実務・行動と文筆とを兼備した人びとである。行動だけの人間は、後代が勝手に再構成できる、また文筆だけの人間は、後代はこれを無視することができる。だが北畠親房型の人間は、無視もできねば再構成もできない。再構成しようとすれば『神皇正統記』の中で、冒頭にかかげたようなとんでもないことを言ってその再構成を打ち壊す、無視しようとしても、彼は実質的に南朝の参謀長でないにしろ高級参謀であり、また陸奥《みちのく》の重要性を見抜いた戦略家であり、戦場で実際に指揮した指揮官であり、また「代々《よよ》和漢の稽古《けいこ》をわざとして朝端につかへ」ていた文字通りの文化人であり、「天皇制の擁護に汲々と」して生涯をそれで終った人であったことは、どうにも否定の仕様がないからである。実際に行動し、同時にその行動の基となった思想を明確に書いて残したという点では、彼とか白石とか海舟とかは、その時代をそのままに表わしている証人だと言える。

こういう点になると、行動だけの人は、後世が勝手に再構成できるから、証人としては非常に信憑性《しんぴょうせい》がうすくなる。たとえば楠木正成《くすのきまさしげ》とその一族などは、『神皇正統記』にわずか二カ所、「橘正成」と「河内国に正成といひしが一族」と出てくるだけで、湊川《みなとがわ》の戦いなどは一行も出てこない。さらに戦争中日本のスローガンになった「七生報国」も、正成という人が本当にそんなことを言ったのかどうかとなると、どう考えても少々あやしいように思われる。というのは、この言葉は『太平記』に出てくるわけだが、原文通りに引用すれば次の通りだからである。

正成座上に居つゝ、舎弟の正季に向つて、抑《そもそも》最期の一念に依つて善悪の生《しょう》を引くといへり。九界の間になにか御辺の願ひなると問ひければ、正季から〳〵と打笑ひて、七生まで唯同じ人間に生れて朝敵を滅さばやとこそ存じ候へと申しければ、正成よにうれしげなる気色にて、罪業深き悪念なれども、我もかやうに思ふなり、いざさらば同じく生を替へて此の本懐を達せんと契つて、兄弟共に刺違へて同じ枕に伏しにけり。

おそらく創作であろうが、この創作さえ、後代の「七生報国」とは少し意味が違うように私には思われる。というのは正成はおそらく輪廻《りんね》転生の世界に生きていた非常にまじめな仏教徒であって、明治以降の日本人とはもちろんのこと徳川期の日本人とも別世界の人間だったはずだからである。従って「抑最期の一念に依つて善悪の生を引くといへり。九界の間になにか御辺の願ひなる」という言葉は、「最期の一念によって来世の善悪果報を生むといわれているが、九界の中で、お前はどの世界に転生したいと願うか」の意味である。この問いは、あくまでもまじめな問いだが、笑って答えた正季の答は、仏教徒としては、あくまでも冗談のはずで、本当に宗教的なまじめな祈願とは言えないものであろう。いわば言うべきでないことを軽口の形で言っているはずである。たしかにその返事は正成にも心地よい返事であったろう——しかし彼ははっきりと「罪業深き悪念」だと返事をしているのである。そして「だが私もそういう気もするなあ。それでは私もお前と同じように生れかわって……」と言っているのであって、このニュアンスは、いわゆる「七生報国」とは非常に違うはずである。

ところが明治末期の通俗史書は、この『太平記』の記述を全く別の話に再構成し「罪業深き悪念なれども」を「よくぞ申した」にしているものさえある。一体全体「罪業深き悪念」をどう読めば「よくぞ申した」になるのであろう。『太平記』の記述自体がおそらく史実ではない、それをさらにこう再構成してしまえばもうどうにもならない。そして第二次大戦後さらにそれを別の形に再構成してしまえば、それはもうそれを再構成した時代のフィクションであって、建武時代とは何の関係もない、といわねばならない。従って、こういう言葉から再構成された正成像などというものは、危くて手がつけられないのである。

徳川期から第二次大戦の終りまで、この「天皇制の擁護に汲々とする右翼文化人の代表」であり、「南朝の柱石」であるはずの北畠親房がみなを困惑させた理由の最大のものは、彼が一体全体、「幕府政権」を「合法政権」と見ているのか「非合法政権」と見ていたのか、という問題である。このことは、幕府の政治の善悪《よしあし》とは別問題である。北条内閣の政治が悪いから、いわば投票による選挙でなく刀槍《とうそう》による選挙でこれを倒して、新しく足利内閣を作るというのなら、それは、同一政治体制内における政権の交替であって、ただ現代と比べて多少血なまぐさいというだけの差で、現今の選挙と大差なく、政治体制の根本的変革とは関係ない。

彼が幕府を合法政権と考えていたのなら、到底彼を「天皇制の擁護に汲々とする右翼文化人の代表」とはいえなくなるし、第一、「南朝の柱石」がそんなことを考えていたとあっては、後代の勤皇家たちが一生懸命に再構成した「南朝」なる「像」がたちまち崩れるし、大楠公などはどう扱ってよいかわからなくなるし、第一、尊氏が逆臣でなくなるし、何もかも変なことになるだけでなく、『神皇正統記』なる本の性格まで考え直さなければならなくなってしまうからである。事実、これは、幕府を「合法政権」だと考え、政治というものに一つの明確な理念をもち、その理念は後代のいわゆる「天皇制」とは別であった人が書いたものではないかと考えてこの本を読み出すと、冒頭に掲げた陽成帝廃立の項の記述など、むしろ当然という気がだれにでもしてくる本だからである。

しかしそうであってはこまる。こまるからみな、敬遠して知らんぷりをしたり、書名以外は知らせなかったり、さまざまの「名解釈」をほどこして、何とか彼が、幕府政権は非合法だと考えていたことにしようとあらゆる努力をしたりする。そして明治になってもなお、これを、一心不乱にやっているのである。漱石《そうせき》ならぬ苦沙弥《くしやみ》先生を「稚気」満々だと評した大町桂月《けいげつ》も、この点では、三歳の童子のようなもので、珍妙な理屈を並べて「メイ解釈」をやっているのである。彼によると、親房は、幕府政権をあくまでも非合法政権と考えているが、この非合法政権の行なった政治は一時は立派であった、という事実をのべているにすぎない、これが親房の「泰時論《やすときろん》」で、彼はただ事実を事実としてのべたにすぎないのだ、と言っているのである。

彼がその典拠としているのは次の一文で、この一文に関する限り、そういう議論が成り立たないことはない。しかしその次に引用する承久《じようきゆう》の変に関する記述は、彼の議論をくつがえしてしまうのだが、彼はこの点には極力ふれまいとする。だがこれは非常に無理な「再構成」のほんの一例にすぎない。

大方泰時心たゞしく政《まつりこと》すなほにして、人をはぐゝみ物におごらず、公家の御《おおん》ことをおもくし、本所のわづらひをとゞめしかば、風の前に塵《ちり》なくして、天の下すなはちしづまりき。かくて年代をかさねしこと、ひとへに泰時が力とぞ申伝《もうしつたえ》ぬる。陪臣として久しく権をとることは和漢両朝に先例なし。其主たりし頼朝すら二世をばすぎず。義時いかなる果報にか、はからざる家業をはじめて、兵馬の権をとれりし、ためしまれなることにや。されど、ことなる才徳はきこえず。又大名《たいめい》の下にほこる心や有けむ、中二《なかふた》とせばかりぞありし、身まかりしかど、彼《かの》泰時、あひつぎて徳政をさきとし、法式をかたくす。己が分をはかるのみならず、親族ならびにあらゆる武士までもいましめて高官《たかき》位をのぞむ者なかりき。其政次第のまゝにおとろへ、つひに滅ぬるは天命のをはるすがたなり。七代までたもてるところ、彼が余薫なれば、恨《うらむ》ところなしと云《いひ》つべし。

このあたりは、一応、桂月の論の典拠たりうるであろう。では次の一文をどうするか。これは承久の変に関する記述である。

さても其世の乱《みだれ》を思《おもう》に、まことに末の世にはまよふ心もありぬべく、又下《しも》の上《かみ》をしのぐ端ともなりぬべし。其いはれをよくわきまへらるべき事にはべり。頼朝勲功は昔よりたぐひなき程なれど、ひとへに天下を掌《たなごころ》にせしかば、君としてやすからずおぼしめしけるもことわりなり。況や其跡たえて、後室の尼公、陪臣の義時が世になりぬれば、彼《かの》跡をけづりて御心のまゝにせらるべしと云も一往いひなきにあらず。

確かに、朝廷が政権を奪回しようとしたのも、この状態のもとでは、一応、理由がないことではあるまい。しかし、

一往のいはればかりにて追討せられんは、上の御とがとや申べき。謀叛《むほん》おこしたる朝敵の利を得たるには比量せられがたし。かゝれば、時のいたらず、天のゆるさぬことはうたがひなし。

だが、この程度の理由で、幕府を討ったのは、上皇の方が悪い――「天のゆるさぬことはうたがひなし」従って、上皇方が敗れるのは当然である。なぜか、幕府は「合法政権」であるから、これが合法的に統治している限り、天皇とて、勝手にこれを転覆しよ

うとすることは許されないからである。すなわち、

白河、鳥羽の御代の比《ころ》より政道のふるきすがたやう〳〵おとろへ、後白河の御時兵《ひょう》革《がく》おこりて姧臣《かんしん》世をみだる。天下の民ほとんど塗炭におちにき。頼朝一臂《いちび》をふるひて其乱をたひらげたり。王室はふるきにかへるまでなかりしかど、九重の塵《ちり》もをさまり、万民の肩もやすまりぬ。上下《しょうか》堵《と》をやすくし、東より西より其徳に伏せしかば、実朝なくなりてもそむく者ありとはきこえず。是にまさる程の徳政なくして、いかでたやすくくつがへさるべき。縦《たとい》又うしなはれぬべくとも、民やすかるまじくは、上天《しょうてん》よもくみし給はじ。次に王者の軍と云は、とがあるを討じて、きずなきをばほろぼさず。頼朝高官にのぼり、守護の職を給《たまう》。これみな法皇の勅裁なり。わたくしにぬすめりとはさだめがたし。後室その跡をはからひ、義時久く彼が権をとりて、人望にそむかざりしかば、下にはいまだきず有といふべからず。

と彼は断言しており、幕府とは、その政権を「わたくしにぬすめりとはさだめがた」き、ものであると規定している。そしてその根拠を法皇の勅裁においているのである。

さて、こうなると、この「南朝の柱石」、「天皇制の擁護に汲々としている右翼文化人の代表」北畠親房という人は、一体何を考え、どういう思想を基にして判断し、行動しているのであろうか。何しろ彼には、何か明確な一つの考え方があって、その考え方に基づけば、陽成帝を廃立した基経は立派だからその「余慶」で子孫は栄えて大臣・大将となり、三上皇を打ち破って遠島にした張本人の泰時は立派だから、その「余薫」で七代までその政権がつづいた、ということになるのである。となると、もし後醍醐《ごだいご》帝が陽成帝と同じようだったらどうするか、もちろん彼は、廃立したであろう。ではもし、高《たか》時《とき》政権が泰時政権と同じだったらどうであろう。これを討つことは「天のゆるさぬことうたがひなし」として討伐に反対したであろう。と考えると、彼は実に「非天皇制的」人間になってしまうのである。というのは彼は、明らかに、天皇よりも自分の思想を先行させているからである。彼にとって「天皇」は絶対ではない、また「幕府」も逆の意味で絶対――ということは絶対に存在を許されぬもの――ではない。自分の思想に適合しないものは、はっきりと拒否するのである――たとえそれが天皇であっても。従ってもし彼が単なる文筆の人であったら、後代の勤皇家も戦前の日本人も、この点では筆を揃《そろ》えて彼を糾弾したであろう。しかし一方、確かに彼は、実質的に「南朝」を運営していた人間、いわば「柱石」なのである。全く、後代が彼を、扱いかねてもてあましたのも無理はない。しかし、こういう人がいてはじめて、われわれはその時代とその時代の思想とを知りうるわけである。

「天皇」という名のなかった時代

北畠親房という人は、余程後代をこまらすのが好きであったらしく、といっても実際は後代が自縄自縛で勝手にこまっただけだが、この『神皇正統記』という年代記には「天皇」という名が登場しない時代が、はっきりと存在するだけでなく、その名が存在しなくなったことを、彼は次のように明記しているのである。

此御門（冷泉院《れいぜい》）より天皇の号を申さず。又宇多《うだ》より後、諡《おくりな》をたてまつらず。遺詔《ゆいじょう》ありて国忌《こくき》山陵《せんりょう》をおかれざることは君父のかしこき道なれど、尊号をとゞめらるゝことは臣子の義にあらず。神武以来《このかた》の御号も皆後代の定《さだめ》なり。持統元明より以来、避位或は出家の君も諡をたてまつる。天皇とのみこそ申めれ。中古の先賢の議なれども、心をえぬことに侍なり。

確かに彼にとっては「心をえぬこと」であったであろうが、「院」を勝手に「天皇」とは書きかえてはいない。従って以後の彼の年代記には、安徳帝と後醍醐帝以外には、天皇という名は一切登場しないのである。いわば『神皇正統記』は前半が「天皇」後半が「院」で、最後が「後の号をば仰《おおせ》のまゝにて、後醍醐天皇と申《もうす》」と記し、次帝の即位の次第で終るわけである。

この「院」を全部「天皇」になおしてしまったのは、実は幕末も近い光格《こうかく》天星のときで、いわば「後代による歴史の再構成」である。「院」は「院」であって「天皇」ではない。どちらでも内容は同じだというのは誤りで、たとえ武家政治がつづいたからといって、織田幕府とか豊臣幕府とか言ったら誤りなのと同じである。

戦後、戦前の歴史は否定されたといわれているが、私の手許にある「最も進歩的な」年表でも、『神皇正統記』以上に右翼的（?）で、全部が「天皇」になっている。「天皇制」と「院制」とははっきり別の政体と考えるべきであるから、後代が勝手に過去にさかのぼらせた再構成は排除して、年表でも、この二つは分け、天皇は天皇、院は院とすべきであろう。天皇という名が年代記に登場しなかった時代があるのは事実なのだから、事実は事実として記さねばならない。

というようなことを言うと今度は「天皇制の否定に汲々とする左翼文化人の代表」にされそうだが、「南朝の柱石」がそうやっているのだから、だれも異論はないはずである。こういう点、北畠親房という人は、私にとっては、実に便利な人である。

さて、それでは一体「天皇制の擁護に汲々とする……」と書いた人の頭の中にある「天皇制」とは、一体どんなものなのか、少し想像してみよう。おそらくその人は、日本の年代記には、「天皇」という名が全然登場しなかった時代があるとは、夢にも考えていなかったであろうし、「南朝の柱石」が後代をこまらせたことも知らなかったであろう。従ってその人の「天皇制」というイメージの基盤は、幕末から明治・昭和で再構成された「天皇」であり、それを基にして戦後さらに再構成されたもの、いわば「再々構成」のフィクションにすぎないであろう。

皇国史観を一夜にして裏返せば、ただそれは裏が出たというだけで、裏はあくまでも裏にすぎない。といって、徳川の中期から形成されて来た一つの史観に基づく過去の再構成を、原史料のすべてにあたって、一夜で改訂しろと言っても、それは不可能である。第一、改訂には自分の立脚点が必要だが、それも崩れている。

私はいまフィクションと書いたが、フィクションを構成するにも立脚点が必要である。すなわち不知不識のうちに一つの立脚点に立って「再々構成」をしているはずである。その立脚点とは実は「裏返しの天皇制」または「裏返しの天皇思想」なのである。

この関係を非常に面白く示しているのが、北畠親房と足利尊氏である。尊氏は、おそらく同時代における最も「天皇制的人間」であり、親房はおそらく最も「非天皇制的人間」である。尊氏の思想は一言にしていえば「去私」であり、従ってそのもつエネルギーは典型的な「虚のエネルギー」であって、彼の行くところ、まるで台風の目が移動するかのように、その周囲に恐るべきエネルギーを巻き起す。皮肉な言い方をすれば尊氏天皇・後醍醐将軍という組合せなら、建武中興は成功しただろうと思われるほどである。彼の場合も、また思想的背景は非常に違うが、西郷隆盛の場合も、天皇以外の人間が、異常に強い、天皇的な「虚のエネルギー」をもち、そのため天皇と対立した例である。

建武時代は、日本人がはじめて明確な「政治的イデオロギー」を掲げて争った時代、と前に書いたが、これは「天皇思想」というものが、「天皇」を離れて、一つの思想として動き出した時代をも意味するわけである。そしてこれは尊氏の行動に現われ、親房の記述にも現われている。すなわちその思想に適合しない天皇は廃立してよく、その思想に適合すれば、幕府でも合法なのである。

だがこの考え方を推し進めれば、南朝はその存立の基礎を失うはずである。彼自身は後醍醐帝を「希代の英主」と信じ、帝を「天皇思想」の体現者と信じていたが故に一応問題ないにしろ、その後のこととなると明らかに全く自信がない。それが彼にこの『神皇正統記』という本を書かせたはずである。

従って本書は、この思想と血統主義という大きな矛盾を当然に内包する。そしてそれは、後代が考えたように、彼の思想が度会《わたらい》神道であったからだとか、熱心な仏教徒であったから『愚管抄《ぐかんしょう》』の影響をうけすぎたからだとかいうことと、おそらく別のことである。その程度なら、再構成はそうむずかしくはない。

では次に、尊氏の思想とも関連させつつ、彼の思想をさらに探ってみよう。

二、『神皇正統記』が画した二つの天皇制

白石の見方

『神皇正統記』のような本、いわばまず過去を再構成し、ついでそれに基づいて同時代を再構成しようとするような本が書かれたということ自体が、一つの時代の終りを示している、という意味のことはすでにのべた。『神皇正統記』をもって、ある時代が終ったのである。そしてそのことを正しく見ているのが、新井白石である。

天皇制を正確に分析し、正しく評価した最初の日本人は白石であろう。しかし、漱石から親房、また親房から白石と跳んでは、読者が戸惑うであろうから、ここではただ、親房の時代への白石の見解だけをのべておこう。彼は、天皇制をはっきりと二期にわけており、この考え方は、『読史余論』でも『折たく柴の記』でも一貫している。その分け方に従ってこれを一応「前期天皇制」「後期天皇制」としよう。彼によれば前期天皇

制は神話時代から後亀山院さらに高福院までであって、その最後の「天皇」は後醍醐天皇である。後期天皇制とは北条高時の擁立した光厳《こうごん》院に始まり、白石の時代までをいう。この前期・後期の併存期間がほぼ南北朝時代——といっても通常のそれより長いわけだが——で、この期間を彼は百二十年とする。彼の考え方に従えば、南朝の終りで前期天皇制は終り、光厳院まで遡《さかのぼ》りうる北朝の創設で別の天皇制が始まっているのである。そして白石は、この前期と後期を全く別のものと考え、後期天皇制に関する限り、これは「武家のために」武家が作ったものだと、明確に規定している。もちろん、この考え方は白石がはじめてではない。『太平記』も光明院の即位を「将軍より王位を賜はらせ給ひたり」と記している。といっても『太平記』の見方と白石の見方は同じではない。だがこの問題は別の機会にゆずろう。

従って彼は、日本の通常の「歴史年表」のように、一三九二年に南朝の後亀山院が京都に帰って北朝の後小松院に神器を授けた、いわゆる「南北両朝合一」のときに南朝が終ったとは考えていない。その後も南朝は一種の地下政権として残存し、南北朝合一の約五十年後に日野有光らが宮中に乱入して神璽《しんじ》・宝剣を奪い、その十五年後の一四五八年すなわち長禄二年に「南帝高福院殿崩御。御神璽帰洛」で南朝は終ったと考えている。

彼のいう百二十年とは、後醍醐天皇が吉野に移った一三三六年から前記の一四五八年までのことであろう。

白石は全く自由闊達《かったつ》に天皇制を論じている。面白いのは、昭和の日本人が、到底これだけの自由闊達さをもって天皇制を論じえないことである。天皇への讃美を強要することも、また天皇への非難を強要することも、実は同質のことであって、いずれも自らがその対象に対して自由でありえないことを示しているにすぎない。日本人もずいぶん退化したものだ。前に、私は、徳川時代の日本には言論の自由があったが、今の日本にはそれがないと書いたが、これは必ずしも冗談や皮肉ではない。一体なぜ現代の日本人が、天皇制に対して白石の如くに自由でありえないのか、なぜ、自らの歴史に対しても自由でありえないのか、これは非常に面白い問題である。そしてこの問題を解く一つの鍵は、白石の天皇制への自由闊達さが何によるか、にあるであろう。

白石の考え方の根底にあるものは、少なくとも「後期天皇制」は、武家が作ったのだという意識である。確かに彼も一種の「勤皇家」であって、白石の勤皇は、明治の教科書でも称揚されている。ところがこれは北畠親房が称揚されているのと同様の一種の再構成であって、その称揚自体が、実は一つの皮肉になっているのである。白石の場合は

『折たく柴の記』でものべているように、北朝すなわち後期天皇制は、武家のために武家が立てたものであるから、武家はこれを大切にしなければならない――天皇家が栄えることは武家が栄えることなのだから、天皇家を大切にするのは当然の義務だ、という考え方が基になっているのである。と同時に彼は、公家と武家は、はっきり別のものと考え、この二つを一種の「教権」と「帝権（政権）」の分立というような形で捕え、両者は相互に干渉してはならないとも考えている。そしてこの考え方の萌芽《ほうが》は頼朝にもある。

言うまでもないことだが、教権と政権が完全に分離しなければ人間は自由でありえない。スターリン時代のように、言語学から遺伝学までスターリンが裁定を下していて、それに従わないものはシベリア流刑に処されるのでは、形式的な三権の分立などは全く無意味であって、自由なる思考などというものは、初めから存在しない。昭和の人間が何故に白石ほど自由闊達でありえないかは、「政権」よりもむしろある種の「教権」という面から考うべき問題であろう。

話は横道にそれたが、その人の議論がどれだけ信頼しうるかは、その人が、論じているその対象に対してどれだけ自由であるかによってきまる。この点、前述のように、天皇制に対して白石ほど自由な日本人は珍しいので、南北朝への理解の仕方は、彼にならいたいと私は思う。彼によれば、南朝と北朝は同じ天皇制といっても全然「別性格」でありーーと言っても現象面では非常に似ているがーー「武家によって」武家のために作られた北朝は、新しい思想によって新たに作られた天皇制なのである。同時代も後代もこの二つを「神器論」でつなぐ。しかし「神器論」でつなぐこと自体が、両者が全く別ものであることの証拠に外ならない。それはシャルマーニュが帝冠をかぶってローマ皇帝と称したところで、ローマの諸皇帝と全く性格が違うのと同様である。前期天皇制の末裔《まつえい》である南朝は、一部は北朝に吸収され、一部は残存して時々蜂起《ほうき》しながら、一四五八年に完全に消え去る。一方、北朝は「何、院といふか、犬といふか、犬なら射て落さん」と『太平記』に記されているように、犬なみにあつかわれるという徹底的な嘲罵《ちょうば》をうけながらも徐々に形をなしていき、全く新しい「後期天皇制」を形成していく。これは確かに、考えようによっては一つの革命である。ではいったい、いかなる思想がこの革命を起し、そして成就させたのであろうか。

一つの革命の前に一つの思想が先行する。それはフランス革命であれ清教徒革命であれ十月革命であれ同じであろう。しかし成立した革命政権は、もちろんそれに先行した思想の通りに運営されはしない。しかしそうだからといって、革命に思想が先行しなかったとはいえない。スターリンが出現したからマルクシズムは存在しなかったと言えない、と同様に、足利政権の実態から、前期天皇制の終末から後期天皇制の創立ということの革命に、一つの思想が先行しなかったとはいえない。一体、その思想とは何であろうか。それは『神皇正統記』がその過去の再構成において再構成し切れなかった部分、すなわち主として「泰時論」に現われている思想である。しかし、この再構成された泰時を見る前に、まず泰時の思想を、その本人の口から聞かねばならない。だがその前にまず「頼朝論」と頼朝を一瞥《いちべつ》せねばなるまい。

頼朝の「三か条」＝「幕府の三原則」

幕府とは元来「合法政権」であって「頼朝高官にのぼり、守護の職を給《たまう》。これみな法皇の勅裁なり。わたくしにぬすめりとはさだめがたし」という親房の「幕府論」は、まことに史実に忠実な一面をもつ議論と言うべきであろう。頼朝自身には、天皇家にかわる新しい政権を樹立しようという積極的意志は皆無であり、彼はその生涯を通じて、すべての問題に対して一つ一つ院宣を仰いでおり、すべてに対して決して独断はしていない。そればかりでなく、いわゆる朝廷の政治に権力介入すまいという姿勢が見られる。一一八五年（平氏滅亡の年）には、自らが申し出て、施行したいと思っていることは、すべて案を作成して院に奏請するから、院の方でも公卿十人を選んでこれらの案のすべてを検討してほしいと申し出ている。

これらのほかに、後白河法皇崩御の際の盛大な法会など、多くの事例を、後代は彼の天皇尊崇の証拠としてあげており、親房もこれらの点を高く評価し、「神武の御時に、宇麻志麻見命《うましまみ》の中州《なかつくに》をしづめ、皇極の御宇《ぎょう》に、大織冠蘇我の一門をほろぼして、皇家をまたくせしのちには、たぐひなき程の勲功にや」とし、彼を、いわば、天皇のため平氏の乱を平らげて「皇家をまたくせし」者と規定しているのである。

果してそうであろうか。形式はどうであれ、彼の行動に一貫して現われているものは、徹底的な「天皇家不信」であると私は見る。彼は終世ただの一度も「天皇家」を信頼したことがない。これは彼の生いたちと当時の武士および彼自身の道徳律を見れば当然のことではないであろうか。彼の父は朝敵として殺された。彼の祖父も朝敵として、彼の父によって殺された。そして彼自身も朝敵として当然殺さるべき運命にあった。

後述する中原康定に渡したいわゆる『頼朝の三か条の奏請』の第三条を、彼の経歴と彼の道徳律を考慮しつつ読むと、一種の「朝廷なるものへの不信任宣言」のようにすら読める。彼は、裏切りを絶対に赦さなかった。また裏切られることを極度に恐れた。これは「源氏は二人の主取る事なければ宣旨なりともえもころ内裏へは参るまじけれ」、すなわちたとえ天皇の直接の命令でもそれに従わずに主人と行動を共にするという『保元《ほうげん》物語』に出てくる考え方、いわば「主従関係は天皇の命令に優先する絶対なもの」とした当時の武家の道徳律、および彼自身の道徳律から考えれば、当然のことであろう。と同時に彼は、この絶対たるべき「主従関係」に介入しこれを破壊しうるものが天皇だけであることも知っていた。そしてこの関係を、彼は、実に賢明に処理している。すなわち彼自身が天皇と名目的な主従関係に入ってしまう、と同時に、彼の部下が天皇と主従関係に入ることを禁じた。前者の現われがすなわち彼の尊皇であり、後者の現われが文《ぶん》治《じ》元年（一一八五年）四月の「下文」である。これは実に峻厳《しゅんげん》な命令で、関東御家人《ごけにん》のうち征西の陣中にあるものが、頼朝を経由せずに直接に天皇家より衛府の官を拝任した場合は、京都に永住させて帰国を許さず。もし美濃墨股《みのすのまた》以東に来るならば、その者の領土を没収し、死刑に処すると申し渡している。

親房は、大変なことを見落としている。この決定も勅裁を得たのであろうか。もちろんそうではない。確かにこの命令には「関東御家人」と「墨股以東」という人的・地域的限定はあるが、結局は「自分の許可なく天皇家の命令に従った者は財産を没収した上で死刑に処す」という宣言である。

これはいわば武家の自治権の宣言であり、ただ彼は、この自治権に基づく団体を「朝廷公認武家集団自治団体」という形におき、この自治団体の長としての彼自身が勅裁を仰いでいるのであって、朝廷による自治権そのものへの侵害は絶対に許容しないという態度をとっているのである。同時に、公家権、社寺権ともいうべきものをも認めている。これらは朝廷に対する一種の「権利の宣言」であり、別の面から見れば「自治団の『所有の権利の宣言』」であって、「一朝ノ万物悉《ことごと》ク国王ノ物」という前期天皇制の基本的な考え方の、拒否である。そしてこれが「幕府」というものの、基本的性格を構成した。

この彼の考え方が明確に出ているのが、この「下文」の出される二年前に、朝廷に送った「三か条」である。前述のように、彼の天皇家への不信感は徹底しているので、このときも、当然、後白河法皇の上京命令を拒否している。天皇家は何をするかわからない。彼を京都に呼び寄せておいて、その留守に、奥州の藤原氏か常陸《ひたち》の佐竹氏の残党に院宣を下して鎌倉に攻め込ませないという保証は何もない。彼は、堂々とこの危険を理由に上京を拒否し、朝廷の使者の中原康定に前記の「三か条」を渡して京都に帰している。

この「三か条」は形は奏請であるが、むしろ一種の宣言と見るべきで、おそらく日本史における最も重要な宣言の一つであろう。

第一が、平氏の滅亡は自分たちの力によるのでなく、平氏がその領国の神田《しんでん》・寺戸を奪取したための神仏威罰の故であるから、朝廷は社寺の田戸を復旧すべきである。

第二が、公家の荘園で平氏のため掠《りゃくしゅ》取されたものは、本来の持主に返還すべきである。もし自分たちにこれを下賜されれば、自分たちも平氏と同じ轍《てつ》をふむことになる。従ってそのように決定してほしくない。この点は選択を誤らないでほしい。

第三に、平氏の一党でも帰順したものは、たとえその罪が死罪にあたるものでも、寛大に処置してほしい。自分はかつて朝敵として殺されようとしたが、幸いに許されて生きながらえたが故に、今度は事態が逆転して自分が朝敵を討って功を成すことができた。従って自分の例に見る如くに、今日の逆臣も他日には功臣かも知れぬ、処分の権限は朝廷にあるが、この点を考慮して慎重であってほしい。

以上の「三か条」である。そして法皇の許可を得、これを実施するため公文所《くもんじょ》ができ、特に荘園関係の争訟いわば民事訴訟の裁定のため問注所《もんちゅうじょ》が設立された。一一八四年のことである。このときに、現在の日本が決定されたともいえるであろう。

頼朝は非常に不思議な人物であり、確かに「政治天才」といいうるであろう。彼は、当時の朝廷の中から、「政治」といいうる要素だけを、非常に巧みに抽出してきて、それだけを把握してしまった。そして朝廷の非政治的要素はそのまま朝廷に残して、これを巧みに、文字通りに「敬遠」した。もちろん本心から「敬」したには相違ないが……。その結果は彼は、当時の世界では全く想像できない「純政治的政府」を作りあげてしまった。すなわち最も簡素で、最も能率的、最も安価な政府である。

確かに前期天皇制はすでに末期的症状を示しており、これを打倒することも、かいらい政権化することも彼にとっては実にたやすいことであったに相違ない。しかしもしそれをすれば、いわば不良債権をも引きついで自らも破産する結果になりかねない。彼のやり方はむしろ、太平洋戦争後に多くの日本の企業が行なった方法――というよりむしろ日本自体がその方法をとったわけだが――いわば、旧社をそのままにしておいて新社を創立するという方法の嚆矢《こうし》のようにも見える。

この「三か条」には、まさに「政治」というものの基本的要素が要約されている。彼はいわば「公家権＝朝廷権」「寺社権」「武家権」ともいうべき権利を承認している。いわば既存の権利の承認である。同時にその権利者の諸権利、特にその権利の基本である所有権は、政権の交替により侵害されることはないという保証である。そして彼自身がもつ権限は、この権利への保護権と監督権、および権利者間の争いへの裁定権である。一口に所有権といっても、もちろんその形態は千差万別である。いずれの国、いずれの時代にも、私的所有、公的所有、共同所有等々があり、またいわゆる社会主義的所有、資本主義的所有もあれば、イスラエルのようにさまざまな形態の所有権が併存している国もあるが、いずれにしろ、政権とは常にこれらの所有権の保護の上に成立つもので、社会主義的所有を否認する社会主義政権も、資本主義的所有を否認する資本主義政権も存在しうるわけはない。そして保護には、裁定権と裁定の結果を施行する監督権が当然附随する。頼朝がもっていた権限とは実はこれだけで、そしてこれだけが「政治そのもの」なのである。

この「三か条」はいわば幕府政権の「マグナ・カルタ」と言うべきものであろう。いずれの国であれ、「マグナ・カルタ」はすぐには、それに記されている内容にふさわしい効力は発揮しえない。後代の一時期はまるでこれを空文にしているように見える。しかしそれは「マグナ・カルタ」の存在が無意味であったということではない。またあらゆる「マグナ・カルタ」にはその時代とその作成者の性格が強く反映していることも否定できない。

頼朝の「三か条」の背後には、当時は、「武家権」はまだ弱く「公家権＝朝廷権」も「寺社権」も無視し得ないという実情があったことは言うまでもない。また生涯絶対に楽観せず、自己の子孫についてもおそらく何の希望ももたず、すべての人を絶対に信じなかった「冷徹の人」頼朝の性格も大きく作用しているであろう。しかしこの「三か条」が幕府というものの性格、いわば「純政治的政府」という性格づけを決定したこともまた否定できない。

そしてこの基本的性格をさらに徹底させ、日本人の政治哲学の根本を作りあげたのが北条泰時であった。彼の政治哲学は一言にしていえば、漱石の『こころ』の世界の思考図式と同じ考え方を基にしているのである。

日本では現在ですらなお、政治というとすぐこれを天皇に結びつける習慣がある。皇国史観と裏返し皇国史観に毒された結果であろうが、少なくとも後期天皇制に関する限り、政治と政治思想は幕府と関連づけてのみ論ぜらるべきもので、天皇家は政治には関係がない。日本国とはつまるところ幕府国であり、幕府という制度は文字通り日本人が生み出したものでありかつ貴い遺産であって、この制度の基底には日本教独得の考え方があるのは当然なのである。従って日本学《ジャポノロジー》というものがありうるとすれば、その中枢は幕府学《バクフォロジー》のはずであって、これを欠く日本学《ジャポノロジー》はありえないと私は思う。従って泰時の世界が『こころ』の世界と同じであっても、これは私にとっては当然のことだが、読者にとってはあるいは奇妙な結びつけと映るかも知れない。しかしそう思う人はおそらく竹林を西欧の風土に移植して、頭の上でスプリンクラーを廻しているのであろう。ではここでまず泰時の世界へと行ってみよう。

「王難」という考え方

確かに頼朝の「三か条」は法皇の勅裁を得ている。そして彼は、それによって朝廷から委譲された権限に基づき、その権限内で政務を遂行している。これは何びとが考えても非合法とはいえない。この点では親房の「頼朝論」には論理的破綻はない。しかし附与された権限はあくまでも附与された権限だから、この権限を既得権として、それによって権限を附与したものを打倒するなら、その行為は、少なくとも附与した側にとっては、合法的とはいえない。従って親房が「南朝の柱石」で「天皇制擁護に汲々とする右翼文化人の代表」で「天皇の側の論理」を代表する人間なら、この「泰時論」だけは、何としても始末がつかなくなるのである。だが、そのことを検討する前にまず「承久の変」の概要を調べ、これに対処した泰時自身の考え方を、彼自身の口から聞く必要があるであろう。

この乱の発端は確かに天皇家にとって名誉あるものではなかった。後鳥羽上皇が、白《しら》拍子《びょうし》亀菊の申請によって、その所領である摂津の長江と倉橋の二庄の地頭職の職権を停止した上、これに対して何らかの処置をするように、二度にわたって幕府に命じたことに始まる。ところが北条義時はこの命令を拒否した。理由は、㈠この者は頼朝のときその勲功によって補せられた者であり、㈡何も罪過もなく失態もない、㈢従って何一つ今の状態を改めるべき事由がない、ということであった。いわば天皇の命令の拒否であり、そこで北条氏討伐となったわけだが、確かにこの討伐には天皇側は、いわゆる大義名分はない。従って、親房が、『神皇正統記』で、「一往のいはればかりにて追討せられんは、上の御とがとや申すべき……かかれば、……天のゆるさぬことはうたがひなし」と言っているのは、おそらくこのことも念頭にあってのことであろうと思う。

面白いことに、この「忠臣・親房」の考え方が、まさに以下にのべる『梅松論』記載の「逆臣・義時」の考え方なのである。すなわち義時は勅命にそむくのはよろしくないという泰時の意見に対して、それは「御政道正しきときの事」で、「近時天下の行ひを見るに」昔と違って天皇の政治は誤っている。朝令暮改で「国土穏《おだやか》なる所なし」であるから、「天下静謐《せいひつ》のため」に、合戦を行なうべきであって「治乱は水火と戦う」のと同じことだ、と主張している。

以上、発端がまことに天皇家にとって不名誉であることは忠臣も逆臣も意見が一致するわけだが、この問題の根底にあるのは実は「前期天皇制」と「幕府思想」との基本的な考え方の相違に基づく衝突なのである。前期天皇制は、大化以来、原則として所有権というものを一切認めない。従って、平重盛の死後、後白河法皇が彼の領土を没収してそれを他に与えたとて、原則から言えばこれは少しも違法ではない。また平氏の没落後に、朝廷がこれの領土を全部没収して改めて頼朝に与えたとしても、それは当然の処置と考えられても、違法とは考えられない。ましてや後鳥羽上皇が二庄の地頭の権限を停止したところで、またたとえ、その権限を奪ってそれを一白拍子に与えたところで、原則から言えば違法ではない。何しろ「朕は国家なり」と同様かそれ以上で、「国家」と漢字で書いてそれを「ミカド」と読むことが当然とされていたのだから。

しかし「幕府思想」からすれば、この処置は違法である。言うまでもなく武士とは、おそらく東アジアではじめて、「所有権の絶対不可侵」を主張した集団の一つである。もちろん彼らは、これを権利として主張せず、祖先への神聖な義務として主張した。「坂東武士の所領は祖先累代のもの……」であるがゆえに、たとえ頼朝とても、理由なくしてその所有権に手をつけることは出来ない。しかしたとえその表現が「義務」の主張であっても実質は「所有権不可侵」の主張である。そしてこの、権利を義務の形で主張する思考形式あるいは義務に仮託して主張する表現形式は、その後の日本人の権利意識を確定してしまい、これは現在の自民党幕府のもとでも、変化はない。従って日本人の主張は、個人であれ国家であれ、新聞であれ、常に義務の主張に限られており、一見、個人も国家も何ら「権利」という意識をもっていないかのように見える。しかし仔細に調べてみると、そのすべてが、権利を義務の形で主張しているにすぎない。従って権利を侵害されたことを、常に、義務の遂行を阻害されたと言うのである。

承久の変は、おそらく日本史における最も画期的な事件であろう。すなわち朝廷の内紛に武士が介入したのでなく、武士団自体が、自らの思想の下にその意志と決断で朝廷に対抗し、これを制圧した。そしてこの行為の正当化を、義時は、天皇よりも一つの思想を優先させることに求めている。そしてその「思想」を天皇に優先させているという点でも、逆臣義時も忠臣親房も、実は同じなのである。そして天皇とこの「思想」との間に一つの調和を求めて、新しい思想――いわば幕府思想すなわち日本の政治思想の根幹を作りあげたのが泰時であって、それが実は『こころ』の世界なのである。だがまず順序として、前述の『梅松論』を引用しよう。

泰時は父の義時に向つて曰、国は皆王土にあらずといふ事なし。されば和漢共に勅命を背く者、古今誰か安全する事なし。……然らば身に当つて、今勅勘を蒙る事なげきても猶余り有てたゝ天命のがれ難き事なれば、所詮合戦をやめ降参すべき由を頻に諫《いさ》めける処に、義時やゝしばらく有て曰、此義尤神妙なり、但夫《それ》は君王の御政道正しきときの事也、近時天下の行ひを見るに、君の御政古にかへて実を失へり、其子細は、朝に勅裁有て夕に改り、一処に数輩の主を補せらるゝ間、国土穏なる所なし、禍いまだ及ざる所は、恐らく関東のはからひなり、治乱は水火の戦に同じき也。如此の儀におよぶ間、所詮天下静謐の為《なし》たる間、天道に任せて合戦を致すべし。若し東士利を得ば申勧めたる逆臣を給て重科に行ふべし。又御位にをいては、彼院の御子孫を位に付奉るべし。御向ひあらば、冑《かぶと》をぬぎ弓をはづし、頭をのべて参るべし。是また一義なきにあらずと宣ひければ、泰時を始めとして東士各鞭を上て三の道を同時に責上る。

この記述が事実かどうかわからないが、同じような記述は『明恵上人伝記《みようえ》』にも出てくるので、その方を少し敷衍《ふえん》しながら以下に記そう。明恵上人は、法談のためしばしば泰時のもとに招かれた。そして数回あった後、あるとき上人は、泰時に、少々うかがいたいことがあるといった。すなわち、「今さら言うまでもないことと思うが、昔から和漢両国とも、武力で天下を治めるものは永続性がないといわれる。その上さらにわが国は神代より今に至るまで九十代、天皇家は世々皇位をうけついでいる唯一の王朝であり、かつ『一朝の万物はことごとく国王の物に非ずということなし』のはずである。それなのに、私的に武力を振って天皇の軍を滅ぼし、王城を破壊し、さらに上皇を捕えて遠島に処し、王子や王后を国々に流罪にするとは、まことに道理に背く行為ではないか。こういうことをして果して天の処罰が下らないことがあろうか。いいかげんな人徳などでこれを償うことができるはずはない。償わなければ禍いはすぐに来る。この罪を償って消してしまわなければすぐさま地獄に落ちることは疑う余地がない。だが、しかし、あなたを見ていると、このようにひどい道理に背く行為をした人とは到底見えない。一体これはどうしたわけであろうかと、お目にかかるたびにまことに不思議にも思い、また痛ましくも感じていた。一体これはどういうわけであったのか。仔細をうかがいたい」と質問した。

ここで泰時は、非常に面白い言葉「王難」という言葉で、事態を説明する。この「王難」という言葉は、それからほぼ百年後に始まる南北朝時代の「天皇御謀叛」「聖主之謀叛」といった考え方の原型であろう。では王難とは一体何なのか。泰時は絶対に天皇が自分たちの権利を侵害した、これが王難だと言ってはいない。彼はあくまでも、天皇が、民生の安定という彼の義務の遂行を阻害したから、これを排除せざるを得なかった、というのである。すなわち水難・火難に対して政治上必要な処理を講ずるのが幕府の義務であると同様の意味において、王難に対しても必要な処置を講じたにすぎない、というのが彼の、自己正当化の原理なのである。ただこれが「一天ことごとくこれ王土」という前期天皇制と相いれないことは、彼もよく知っている。そこで彼は涙を流しつつ次のように答えている。

後白河法皇も頼朝もこの世を去ってから、天皇家の政治は乱れ、罪がないのに罪とされ、理由もないのに祖先伝来の荘園を没収される者も多く、そのため浮浪人が多くなり、山賊海賊が充満して良民を苦しめる結果になったばかりでなく、何の過失もない関東を亡ぼす計画があるとの情報があり、すでに軍兵が東進するとの報告まであった。そのとき父の義時は、これにいかに対処すべきを自分に問うたので、自分は次のように答えた。

泰時答申《テ》云《ク》、平大相国禅門君悩《ヲ》マシ奉《リ》国《ヲ》煩《シ》候シニ依《テ》、故大将殿御気色承《ヲ》討《テ》平、上《ヲ》休《メ》下《ヲ》治テヨリ以来、関東忠アリテ誤ナキ処ニ、過無シテ罪ヲ蒙ラム事、是偏《ニ》公家《ノ》御誤《ニ》非ズヤ、然ドモ一天悉是王土《ニ》非ズト云事ナシ、一朝《ニ》孕マル、物、宜《ク》君《ノ》御心《ニ》任セラルベシ、サレバ戦《ヒ》申サン事理《ニ》背ケリ、シカジ頭《ヲ》低《レ》手《ヲ》束《テ》各降人《ニ》参《テ》歎《キ》申スベシ、此上《ニ》猶頭《ヲ》刎《ネ》ラレバ、命《ハ》義《ニ》依《テ》軽《シ》、何《ノ》イナム所カアラン、無レ力事ナリ、若又御優免《ヲ》蒙ラバ、然ルベキ事也、如何ナル山林ニモ住《テ》残年《ヲ》送リ給ヘキヤト申タリシ程ニ、

これに対して父の義時は次のように言った。

義時朝臣暫案《ク》ジテ、尤此義サル事ニテアレドモ、其君《ハ》王《ノ》御政正《ク》国家治《ル》時《ノ》事也、今此君《ノ》御代《ト》成《テ》国々乱《レ》所々安カラズ、上下万人愁《ヲ》抱カスト云事ナシ、然而関東進退分国計、聊《カ》此《ノ》王難《ニ》及バズシテ、万民安穏《ノ》思《ヲ》成セリ、若《シ》御一統アラバ、禍四海《ニ》充《チ》煩《ヒ》一天普《ニ》クシテ、安《キ》事ナク、人民大《ニ》愁《フ》ベシ、是私《ヲ》存《テ》随申サ、ルニ非《ズ》、天下《ノ》人《ノ》歎キニ代《テ》縦《ヒ》身《ノ》冥加尽《キ》命《ヲ》捨《ト》云《フ》共痛ムベキニ非ズ、

このような問答のすえ、私は、父義時のいうことも一理ある。一理ある以上、父の命令にそむくべきではないと考え、京都に向って進撃して、三上皇を遠島にし、後堀河院を立てた。ただし出発に際して、八幡大菩薩《だいぼさつ》と三島明神に誓約をした。自分の京都進撃がもし道理に背いているなら、直ちにいま自分の命を絶って、後生を助けてほしい。もしこれが天下の人びとを助け、人民を安んじ、仏神を興すことになるならば、哀憐《あいりん》を垂れてほしい。そしてこれが成功したら、その後は政治に全く私心をはさまず、万民を安らかにすべく、いわば「即民去私」の生涯を送ると誓った、と。これがいわば泰時の懺《ざん》悔《げ》であり、後代への遺書であろう。そしてこの考え方が、実は幕府なるものの性格を決定し、ひいては、日本の政治思想の基本を形成するのである。そしてこの幕府思想が、

今度は逆に、天皇制を規定していくのである。そしてその橋渡しの役をしているのが、皮肉なことに『神皇正統記』なのである。しかしこれについては次項にゆずり、この泰時の世界と『こころ』の世界を比較してみよう。

泰時と『こころ』の世界

言うまでもなく泰時は『こころ』の「先生」である。彼は「やさしさ」と「含羞《がんしゆう》」を具えた男性、すなわち真の男性である。彼には狂気もなく、ヒステリカルな症状もなく、火のように焼え上がる激情もなければ、冷徹氷の如き残酷さもない。彼は正常な感覚をもっている。無感覚、あらゆる対象に対して感覚を失い、完全に無感動になっている人間、すなわち狂気に捕えられている人間ではない。そして彼は、父義時との問答に見られるように、一切の「権利の主張」を行なわない。「頭《こうべ》をたれ、手をつかねて降人」となり、さらに「頭《こうべ》を刎《は》ねられ」てもよく、もし許されるなら「山林にも住みて」残る生涯を送っても一向にかまわないという、全くの「去私の人」であり、完全に「欲望の無重力状態」で、あらゆる利害関係・人間関係において「無菌人間」であろうとする。承ところがこの「去私の人」が、前期天皇制を実質的には打倒してしまうのである。

久の変以後の朝廷は、実質的には幕府の保護・監察下にあり、二度と昔日の権限を回復することなく、徐々にそして着実に崩壊しかつ変質してついに消え去って行く。しかし彼は、絶対に、天皇に対して何らかの権利を主張することによってこれを成就したのではない。自らの権利を確保するため、天皇にせまって「マグナ・カルタ」に署名をさせたのではない。その逆であって、自己の権利を一切主張しない「去私の人」としてそれを実行するのである。すなわちあくまでも「即民去私」で、あくまでも頼朝以来の義務を、不本意ながら忠実に履行するという形で、実は権利を擁護しかつ確保しているのである。これは「先生」が「友人K」に対して、あくまでも忠実に友人としての義務を果しているという形で、実は「お嬢さん」への権利を擁護しかつ確保しているのに似ている。そして「先生」がその残る生涯を「即妻去私」で生きると自己規定したように、泰時も残る生涯を「即民去私」で生きると自己規定しているのである。「先生」が自らの態度、いわば「奥さんの母親」や「奥さん」あるいは「Kの墓」への態度を、「先生」のいう意味での「罪の意識」がそうさせるのだと自己規定するなら、泰時の「施政の態度」も「前期天皇制の墓」に等しい天皇家への態度も、まさに「天皇家を討った」という「罪の意識」がそうさせているのである。明恵上人への懺悔は、そのことを余すところなく語っている。そしてそれは「生きていて相すみません」という態度、いわば「その生存の言いわけをしながら生きる」という態度であり、彼は常に「幕府というものが存在して相すみません」と、幕府の存在を言いわけしつつ、その存在理由を、「即民」におき、それによって生きているのである。そしてこれが日本における「政権」なるものの基本的性格を決定し、政府は常にこのような態度をとるべきだということを、二十世紀の今日でも、日本人は絶対に疑わず、それを政権に要求するのである。そしてこれが日本的「民主主義」であり、その社会と政治の運営における最大の長所となり、政治天才たらしめると同時に、最も大きな弱点にもなっている。天才は紙一重狂うと狂人になる。この去私が一種の「虚のエネルギー」となるときどうなるか。その最初の実験ともいうべきものが、泰時から百年後に始まるのである。

三、後醍醐天皇像に重なる「友人K」

正統性の前提

日本史における最も魅力ある人物、足利尊氏に早く到達したいと思うが、その前に解決しておかねばならぬ問題がまだある。その一つは「正統性」である。『神皇正統記』という本は、南朝の「正統性」を主張した本で、親房はその「正統性」を「万世一系の皇統」に置いたというのが、いわば定説である。果してそうであろうか。

といっても私はここで「万世一系ならなぜ正統だ」という議論をするつもりはない。「正統性」とは、いずれの場合であれ、一つの仮定を前提とした主張であって、その仮定を否定すれば、すべての正統性は消えてしまうからである。たとえば「わが国の大統領は、実に神話時代から、連綿として多数決で選出されているから正統だ」という主張がなされる場合、「多数決原理に基づくから正統だという主張は根拠がない、なぜなら、多数決が常に正しいという保証はないからだ」という主張は、実は意味がない。同じように、「天命がすでに定まった」のだからその王朝（政権）は「正統」だという中国的な主張に対して、「天命が定まったらなぜ正統なのだ」という質問もまた無意味である。同じように帝権神授説であれ、王族投票制であれ、大僧正による加冠と宣誓であれ、すべて、正統性の前提は一つの仮説にすぎない。そしてこれは、「正統性」自体が一つの仮説にすぎないから当然である。もちろん「仮説」は「無意味」の同義語ではない。従っていずれの場合であれ探究すべき問題は、この仮説の内容と、その内容が何に由来するかであり、またこの仮説に基づく「正統性」というもう一つの仮説が、現実の問題にどのように作用するかであろう。

　従って、日本であろうとなかろうと、もしある国が万世一系という一種の血統主義を正統性の前提にしているなら、それはそれとして、その血統主義がいかなる思想に由来し、それがその国に現実にどのように作用したかを探究すればよいわけである。従って前述のように、『神皇正統記』がその「正統性」を万世一系に置いているなら、問題の前提は非常に簡単なはずである。確かに後代はそう解釈した。明治憲法の前文の「朕、祖宗ノ遺烈ヲ承ケ、万世一系ノ帝位ヲ践《フ》ミ……国家統治ノ大権ハ、朕カ、之レヲ祖宗ニ承ケテ、之レヲ子孫ニ伝フル所ナリ……」という血統主義の宣言は、『神皇正統記』に由来するという俗説があったのも、また不思議ではない。だが果してそれは事実であろうか。後代の再構成は後代の勝手であり、それはその時代の思想を表わしているにすぎないから、このことは、親房もそう考えていたという証拠にはならない。実は親房は、そう考えていないのである。

そしてそれは、実は、この本を読めばだれにでもわかることなのである。『神皇正統記』の校訂をした山田孝雄《よしお》氏――この熱烈なる天皇制讃美者・親房讃美者も、この点は認めないわけにはいかないという事実がそれを物語っている。氏は校訂後の解説に次のように記している。「皇位の継承は天皇の祖宗に対せらるる第一の本務にして私的の権利にあらず。然るに著者（親房）はこの根本義にふれず、区々たる私徳を以て、この一系相承の道を乱らむとする階梯《かいてい》を讃美するは何ぞや。余はこの点に於いて著者の正統論は第一義に於いて正鵠《せいこく》を失へるものなりと認め、深く惜むべきものなりと思ふ。正統記の名を標榜《ひょうぼう》せるこの書が、正統の第一義に於いて当を失せりと認むること上の如し。……されど、これ或はこの論をなす余輩の偏見にして著者（親房）の譴《けん》を受くべきものならむも知られず」と。

正統性の前提を「万世一系」とか「一系相承」とかにおくと、この『正統記』の名を標榜せるこの書が、「正統の第一義に於いて」誤っていることになる――まことに親房という人は、後代をこまらすのが好きである。前にものべたが、彼が「南朝の柱石」でなければ、彼こそ「逆臣」であり、『神皇正統記』は異端の書となっても少しも不思議ではない。

明治時代にはこの書は「天皇制の聖書の一書」になっていたから、山田氏の言い方は実に遠慮深い。しかし実をいうと、天皇制の支持者ないし讃美者の中でここまで言い切った人すら、私の調べた範囲では、ほかにいないのであって、すべての人が、この点を見て見ぬふりをしているのである。なぜそういうことになるのか。理由は簡単である。親房は南朝の正統性の前提を「万世一系」とか「一系相承」とかいう血統主義においていないからである。それを無理においていることにして本書に対するから、よく読むと、逆にこの『神皇正統記』がその第一義に於いて誤っていることになってしまうだけである。従って山田氏の批評は、見方を変えれば、「ないものねだりの、典型的な悪しき書評の一例」といえる。

常識で考えて、親房に、正統性の前提を「万世一系」とか「一系相承」とかいう血統主義に置けと要求する方が無理である。この血統主義を厳密に長子相続もしくは実子相続制におき、それを正統性の前提とするなら、後醍醐天皇自身が「天皇失格」になってしまう。

いうまでもなく当時は両統迭立《てつりつ》の時代だから、第九十三代の後二条院の跡を第九十一代伏見院の第三子がついだ。これが花園院でその時十二歳、そしてその皇太子が後宇多院の第二子でこれが後の後醍醐帝、そのとき彼は二十一歳であったという奇妙な相承である。十年後の一三一八年に二十二歳の花園院が三十一歳の後醍醐天皇に譲位する。ただしこのとき、後醍醐天皇の在位は十年とし、その後を邦良親王（後二条院の子）がつぎ、さらにその後を量仁《かずひと》親王がつぐという契約があった。この量仁親王（後伏見院の子）がいわば北朝の祖の光厳《こうごん》院である。

これは、この複雑きわまる相承関係、まるでからみあった糸のような関係のほんの一部分だが、これを目の前にして親房が、一系相承＝血統主義を正統性の前提にしないのは当然である。もちろんあらゆる詭弁《きべん》を駆使して血統的正統性を強弁することは不可能ではあるまい。しかしその詭弁は、そのまま北朝の正統性を証明する結果になってしまうのである。それでは『神皇正統記』自身が無意味になる。

確かに北朝すなわち後期天皇制が確立した以降は、そして神器論で前期と後期を名目的につなげた後は、血統主義は、対幕府という立場ではその正統性の前提となりうるであろう。従ってまことに皮肉なことに、『神皇正統記』は、彼が無視し排撃した北朝＝後期天皇制の正統性を主張する典拠に利用されてしまうのである。しかしその典拠に利用しようとすれば、山田氏のように、その「第一義に於いて」誤っている本にならざるをえない。これは当然であって、当時の彼が、「万世一系」「一系相承」を正統性の前提としえない理由は、彼が「南朝の柱石」であったからだという皮肉な事実に由来しているのである。

　同じことが神器論についてもいえる。当時の状況を考えれば、確かに血統主義より、神器の相承を正統性の前提とした方が、論理的に筋を通しやすい。たとえ甥《おい》の後をその叔父が相続しようと、弟の後を兄が相続しようと、また継体天皇の頃のように、「武烈かくれ給ひて皇胤《こういん》たえしかば、群臣うれへなげきて国々にめぐり、ちかき皇胤を求《もとめ》奉《たてまつり》けるに、此天皇王者の大度《たいど》まして、潜竜《せんりよう》のいきほひ、世にきこえ給けるにや、群臣相議《あいはからい》て迎奉《むかえたてまつ》る。三たび謙譲し給《たまい》けれど、つひに位に即《つき》給ふ」というような場合であろうと、両統迭立であろうと、「神器を譲られた者が正統」という前提に立てば、何も問題は残らない。

ところが、神器授受を正統性の前提とする、とは彼は主張しえない。なぜか。血統による相続は原則として契約ではない。従って血統による場合は神器の授受はあくまで結果であって、授受自体が正統性の前提ではない。従って神器の授受を正統性の前提とすると、そこに「契約」という概念が入ってくる。となると、持明院・大覚寺両統の間の相互契約に基づく神器の授受による皇位の継承で正統性が成立すると認めないわけにいかない。とすると、後述する後醍醐天皇の契約違反は不当だということになり、これまた彼は天皇失格という結果になってしまう。彼は在位十年の契約を破り、邦良・量仁両親王への神器譲渡契約を一方的に破棄している。邦良親王は早く死んだから一応問題外としても、量仁親王への神器譲渡の契約破棄は残る。後醍醐天皇の登位自体が、一種の契約に基づく神器の授受をその正統性の前提としているなら、量仁親王すなわち北朝の光厳院もまた正統性を主張しうることになる。従って『神皇正統記』の最後に、神器は吉野にあって、死期を知った後醍醐天皇が「かねて時をもさとらしめ給ひけるにや、まへの夜より親王をば左大臣の亭《てい》へうつし奉られて、三種の神器を伝申さる」と親房が強調し、ここにあるぞと言っても、これは彼の神器論から言えば矛盾である。後村上院が帝の子だからという血統主義をここへ持ち出すなら、それは後醍醐天皇の登位の正統性を否定することになってしまう。

ここで彼は非常に奇妙な神器論を展開して、これは、中国の知仁勇の三徳を象徴したものだから、この三徳に具現して徳治政治を行ないうるものが相承する、という意味にとれることすら主張する。おそらくこれは、後醍醐天皇はそれにふさわしい人であったからという意味で、彼の契約違反の正当化ではあろうが、それなら、中国式徳治主義ということになり、資格がある者はだれでも神器をうけて登位できることになってしまう。この点、彼の神器論はまことにその論旨が一貫しない。

従って『神皇正統記』には、明治の日本で盛んに論議されたいわゆる「南北朝の正《せい》閏《じゅん》論」というものがない。後代は、これを本書の実に不思議な点と考え、この点でも親房は後代をこまらせている。前に引用した山田孝雄氏は、彼は正閏などという問題ははじめから眼中になく、もっと高所に立って、大局を論じているのだとのべているが、この議論は少々おかしい。しかしそれ以外に言いようがあるまい。

しかし、実際には彼に、「幕府は非合法政権である。従ってこの非合法政権の傀儡《かいらい》である北朝には正統性がない」という後代の図式がないだけなのである。第一、彼は幕府を非合法と考えていない。第二に、幕府に擁立されたか、幕府の後援を受けているから正統性がないなどといえば、後醍醐天皇の登位そのものが正統性がなくなってしまう。彼こそ、その登位にあたって、十分に幕府を利用しているからである。そしていわゆる「三房」――親房、吉田定房、万里小路《までのこうじ》宣房《のぶふさ》――といわれた彼の腹心の参謀の一人として、親房は、その間の実情を、今に残る資料よりはるかに詳細に知っていたはずである。

　この間の実情は、今では不明な点が多い。しかし譲位を強いられた花園院――その皇太子より十歳若かったこの先帝――の『花園院宸記《しんき》』を見ると、皇太子時代の後醍醐天皇の、花園院へ譲位の圧力をかけてくれという鎌倉への運動は、相当に猛烈であった。幕府より使者が来て、花園院に譲位を強いるであろうという噂《うわさ》は、実に、譲位の三年も前からしばしば流れている。しかし幕府は朝廷の問題に介入することを極力避けていたので、十年目に現実に使者が来ても最初は「有㆓御和与㆒」いわば、談合し協定してほしい、としかいわない。二度目の使者ではじめて、幕府側も案を提示して協定に至らせようとしたらしい。この案に基づいて出来たのが「文保の御和談」で、その内容については後述するが、彼が幕府の力を背景にして登位した事実は否定できない。

　では一体、親房は、この『神皇正統記』において、その正統性の前提に何をおいているのであろうか。だがそれへ進む前に、この「文保の御和談」を少し説明しなければならない。

天皇制と契約・天皇契約論

持明院・大覚寺両統の、この「文保の御和談」に至るまでの、細かい経過は一切はぶく。さまざまな事情があったにせよ、「朝廷・公家権」を保持する自治団体の中の二統派が、両派のそれぞれの長老ともいうべき後伏見院と後宇多院の間で、一つの相互契約に到達したわけである。

第一条が「当代又可令為一代主給之由、先年被定申畢」とあるように、後醍醐天皇は、登位するかわりに、子孫の皇位継承権を放棄し、あくまでも一代限りとすること、である。すなわち彼は、血統主義の否定の上に立つ天皇である。

第二条が「十年之在位者新皇之近例也」であって、在位期間を十年とする。いわば「任期制」の天皇であることを承認して登位する、ということである。

第三条は明確な資料としては残っていないと思われるが、おそらくその代償として、持明院統でない邦良親王を皇太子とするが、ただしその後は同統の量仁親王がつぎ、この実施の保証として後醍醐天皇の長子尊雲親王――後の護良親王《もりなが》――を延暦寺の梶井門跡に入れて僧とする、いわば立太子権の放棄を保証する、ということであったろう。

もちろんここに至るまでには、承久の変以降の一世紀以上にわたる歴史がある。変後、関東は後堀河院を擁立した。その後には後嵯峨院を擁立した。このことを公卿たちは日記の中で憤慨しているが、結局、幕府が「朝廷・公家権」という自治権を尊重しつつ、それへの管理権と裁定権を持ったということである。その後が御深草・亀山とつづくが、これは兄より弟への譲位であり、ここで御深草派と亀山派ともいうべき二派が生じ、両派とも、関東の勢力を背景に皇位を争う結果となった。

後代の勤皇家はこれを幕府による天皇家の分割統治として非難するが、それは誤りであろう。幕府の態度はこの間ほぼ一貫しており、この「朝廷・公家」という自治体そのものは管理しても、その内紛には一切タッチしないという態度をとりつづけている。頼朝以来の伝統であって、ただ承久の変後は、その管理権が確立したというにとどまる。

幕府の介入を求め、これを背景にこもごも有利な立場に立とうとしたのは朝廷側の二統であって、そのたびに幕府は、「御和談」あれ――いわば、両方で談合して結論を出して下さいと言いつづけているのである。しかし、正中《しょうちゅう》の変以後は、後に人びとが鎌倉への「競馬《きそいうま》」と評したように、入れかわり立ちかわり両統から使者が立つ——告訴、密告、告愬《こくそ》等々、いわば典型的な陳情合戦である。同時に祈願合戦、願文合戦もある。これは、宗教的祈願というより、「社寺権」の介入を求めるということであろう。従って、「文保の御和談」は、こういう問題に一応の終止符をうち、それまでも実質的には行なわれていた契約天皇制を、明確に文書化したということと思われる。

ここに、非常に面白い問題が出てくる。それは「契約に拘束された天皇」と「契約」という問題であろう。契約によって天皇になったのなら、言うまでもなく契約は天皇に優先する。この場合は契約が絶対なのであって、天皇が絶対なのではない。従って、天皇が契約に違反した場合は、天皇の契約への反乱であり「天皇御謀叛《むほん》」であって、その場合は、その天皇は天皇の地位を失うはずである。契約に基づいて天皇になった者が一方的にその契約を破棄すれば、その天皇は「正統性」を主張しえない。というのは、その場合は正統性の前提は契約にあるはずだからである。

従って「文保の御和談」という契約を後醍醐天皇が守っている限り、何の問題も生じない。ところが彼は、この契約に基づいて天皇になりながら、その契約を一方的に破棄した。もっともこの間の事情も複雑である。まず、後醍醐天皇と皇太子の邦良親王が一種の敵対関係にあり、一方、その後を保証されているはずの量仁親王の権利も明確化されていない。こういう状態では後醍醐天皇が果して契約を守るかどうかもだれも保証できない。そこで、この不安定な状態を安定さすため、長老の後伏見院が鎌倉に使者を立て、遠い将来のことではあるが、量仁親王の将来の立太子を幕府に保証させた。当時の記録を見ると、当然のことだが、幕府はこれを保証した。

ところが、この相互契約の一方の当事者である後宇多法皇が死ぬと、また事態は紛糾して来たらしい。今度は、後醍醐天皇と皇太子邦良親王との、鎌倉への陳情合戦となる。この陳情の内容ははっきりしない。しかしおそらく邦良親王が後醍醐天皇に契約破棄の下心ありと感じ、何らかの保証を求めたのであろう。

当時の記録を見ると、この邦良親王は非常に人望のあった人らしい。彼は元来持明院統ではないにもかかわらず、「彼を皇太子にするなら……」ということで持明院統が譲歩し、「文保の御和談」が成立して、後醍醐天皇が「十年任期天皇」に即位できたと思われる点があるからである。『増鏡』によれば、彼は非常に温和で、包容力があり、指導性に富み、両統から敬愛されていたという。

従ってこの間の事情は、十年後に邦良親王が確実に天皇になるなら、暫定政権として後醍醐天皇を認めてもよい――という感じさえうけるのである。従って、鎌倉にも、邦良親王派乃至は同情派が多くいたとしても不思議ではない。

　そしてそれが正中の変となる。従ってこの変は討幕よりむしろ、「文保の御和談」という契約を破棄して、邦良親王を排除するため、その位置を保証している幕府を討とうとした、と見るべきである。何しろ任期十年まで、残るところわずか二年である。こういう実情だから後醍醐天皇の参謀親房は、邦良親王への反感と反撥《はんぱつ》を少しも隠そうとしていない。すなわち、

> か丶りしほどに後宇多院《ごうだのいん》かくれさせ給《たまい》て、いつしか東宮《とうぐう》の御方《みかた》（邦良親王）にさぶらふ人々そは〳〵にきこえしが、関東に使節をつかはされ、天位をあらそふまでの御《おおん》中《なか》らひになりにき。あづまにも東宮の御ことをひき立申《たてもおす》輩《ともがら》ありて、御いきどほりのはしとなりぬ。元亨甲子《げんこうきのえね》の九月《ながつき》のすゑつかた、やう〳〵事あらはれにしかども、うけたまはりおこなふ中にいふかひなき事いできにしかど（正中の変のこと）、大方はことなくてやみぬ。其後ほどなく、東宮かくれ給《たまう》。神慮にもかなはず、祖皇《そこう》の御いましめにもたがはせ給《たまい》けりとぞおぼえし。今こそ此天皇うたがひなき継体《けいてい》の正統にさ

だまらせ給ひぬれ。されど、坊には後伏見第一の御子《みこ》、量仁親王《かずひとのしんのう》ゐさせ給。

いうまでもなく正中の変は、後醍醐天皇の「三房」の一人、万里小路宣房が鎌倉に行って釈明し、一応収束する。しかし後醍醐天皇側は明らかに受身になり、後伏見院は今こそ好機と邦良親王への譲位と量仁親王の立太子を強行しようとする。しかし関東は相変らず「御和談下さい」であり、また後醍醐天皇と邦良親王の使者の鎌倉への競馬がはじまるが、やはり「御和談下さい」の一点張りである。ところが一三二六年邦良親王が死んだ。これに対する親房の書き方は、まるで「天罰覿面《てきめん》だ、これでやっと後醍醐天皇の位置は確立した、だが残念なことにまだ量仁親王がいる」といっているに等しい。

邦良親王の死で、「文保の御和談」という契約に一つの問題を生じた。すなわち、だれかを皇太子にするか、それとも自動的に量仁親王が皇太子になるかである。このときが一三二六年。二七年が約束の十年目だから、いずれにしろ後醍醐天皇の任期はあと一年だが、自分の皇子から皇太子を立てることは契約上できない。といって他に人選の余裕はない。余裕がなければ、常識的にいって量仁親王の自動的昇格による立太子が普通だが、後醍醐天皇は逆に契約一部変更で自分の皇子を皇太子にしようとした。しかし関束は、契約通りにすべき旨奏上し、量仁親王が皇太子となった。「されど……」ではじまる親房の言葉には、この問題に対する彼の感情がよく出ている。

いずれにしろ、「契約天皇」後醍醐帝の任期の十年目が来た。持明院統の使者日野資明は鎌倉に来て、「文保の御和談」の契約に基づき、量仁親王への譲位を取計らってくれるよう幕府に申入れた。ところが幕府は例によって介入したくない。そして、この件については後醍醐天皇から、当事者双方で直接に談合するから干渉しないでくれ、という申入れがあったから、天皇に直接交渉してくれと彼に返答した。そこで翌年の春、持明院統は関白を通じて、これを後醍醐天皇に申入れた。天皇は拒否した。そこで再び資明が使者となって鎌倉へ行き、天皇は契約違反であるから、これを履行するよう幕府が取計らってくれと申入れた。しかし幕府は介入しようとしない。そこで両統にらみ合いの形になり、願文競争がつづき、ついに一三三一年になった。

この間、後醍醐天皇側は「社寺権」と連合して、武力を発動しても契約を一方的に破棄しようとした。天皇御謀叛である。そして同年四月、元弘の変が起り、慢性的永続的戦乱時代を迎えるわけである。これはまた幕府の側から見れば「王難」である。

実際、このように見ていくと、後醍醐天皇の討幕は承久の変の三上皇以上に正当性がない。第一、この事件を天皇家と幕府の正面衝突の如くに記した後代の史書は、偽書だと言ってもよい。この際、北条高時が泰時の如き立派な執権でなかったということは理由にならない。後代は高時を戯画化し、彼の失政を責める。確かに彼には非難さるべき点は多い。しかし彼が闘犬と猿楽に夢中になっていたということは、後醍醐天皇の持明院統に対する一方的契約破棄、強引な政権居すわり、武力の発動を正当化はしない。第一、幕府はあくまでも、「文保の御和談」の立合人であっても当事者でなく、ただ立合人としての責任上、契約は守ってほしいと言っているだけであり、しかもあくまでも直接介入をさけて、両者で談合して結論を出して下さいと言いつづけているのだから。

契約破棄と去私

『神皇正統記』という本は、以上の事件を前提として読まねばならない。いうまでもなく「正統性」は、その正統性が失われるか、または疑われるかの際に主張されるもので、すべての者がその正統性を自明のこととして、全く疑問を感じていないときには、主張されることはない。「嫡出子は嫡出証明書を必要としない」のと同じである。従って『神皇正統記』という本が記されたこと自体が、多くの人が、後醍醐天皇の正統性に疑いをもっていた証拠にほかならない。

従ってこの本は、それに対して「南朝の正統性を明らかにし、世人の蒙をひらいた」とするのが、後代の一般的評価である。しかしこの本が書かれた時点、すなわち後醍醐天皇の死、後村上院の登位という時点では、南朝の正統性とは、後醍醐天皇個人の正統性にほかならない。従って本書は、一言にしていえば「後醍醐天皇は正統な天皇であった」という証明書であるともいえる。

では一体親房は、だれに向って正統性を主張しているのか。「万世一系」とか「一系相承」とか「神器の授受」といった問題は、幕府に向って主張しても意味がない。大体幕府は、自分たちは天皇にかわる正統な支配者だなどと主張したことはないし、まして自分たちの方こそ「万世一系」であるとか神器があるとか、言うことがありうるなどとは、だれも考え得ないことであろう。従って親房が一貫してここで主張しつづけていることは、あくまでも「武力を発動して契約を一方的に破棄したからといって、後醍醐天皇に正統性がないとはいえない」ということなのである。後代はこの前提を無視するから、「その第一義に於いて」誤っているとか、「泰時論」は不可だとか、言わざるを得なくなるのである。

親房は、彼が「稀代《きたい》の英主」と信じた後醍醐天皇をもちろん「正統の君主」とする。そして、この「正統の君主」の生涯の行動に従って過去を再編成し、この再構成した過去を「正統」とし、その正統性に基づいて後醍醐天皇の正統性を証明しているわけである。

すなわちまず自己正当化があり、それに基づく過去の再構成があり、その再構成に基づいてまた自己を「正統化」し、それによってその再構成で同時代の再構成を強行しようという、本稿のはじめでのべた行き方の典型的な一例である。従って本書の矛盾は、そのまま後醍醐天皇の矛盾にすぎない。従って天皇制讃美者の本書への批判は、実はそのまま後醍醐天皇への批判であり、皮肉なことにそれが同時に天皇制への批判となっているのである。そして、実は、これだけが、いわゆる「天皇批判」ではない、本当の批判になっているのである。

一体親房はどのようにして後醍醐天皇の「正統性」を証明したか。まず彼は冒頭で「大日本国は神国なり」ではじめ、ついで、天地創造より今日まで「日嗣《ひつぎ》を受け給ふ事邪《よこしま》ならず」であるから、天皇になった後醍醐天皇は正統である——という論法ではじめる。

それはそれでよい。しかし何としても困ることは、後醍醐天皇が契約で天皇になり、ついでこの契約を破って血統で譲位したという事実である。「血統」を絶対とすれば後醍醐天皇の登位が否定される。しかし契約による神器授受を正統といえば、契約を破って血統に従って後村上院に神器を譲ったことの正統性は否定される。これをどのように正当化するか、これが親房の最大の問題点になる。

この矛盾を親房は一種の「血統回帰論」で調整するのである。すなわち「……邪《よこしま》ならず」につづいて「一種姓《いちしゅしょう》の中におきてもおのづから傍《かたわら》より伝へ給ひしすら猶正《せい》にかへる道ありてぞたもちまし〳〵ける」であって、こういった先例を彼は、実に克明に論じつづけ、その正統性を必死になって主張しつづけるのである。これが確かに後醍醐天皇の最大の問題点であるから、その雄弁、その迫力、だれでも一種の感銘をうけることは事実で、従って、山田孝雄氏のように、

しかも、この正統の論はその正統が事故なくて継承せらるる時には一毫《いちごう》もこれを論ずる必要を感ぜず。この故に本書亦この正統の論をなせる所は継体天皇、光仁天皇、光孝天皇の如く皇位継承の上に重大事件の存したりし時に関してのみいへり。かくて本

書の出現はその正統論をなすべき古今未曾有《みぞう》の最大危機に遭遇せしものなりといふべし。かくの如くなれば、本書は正統論に言及する毎に光輝万丈、あらゆる邪説僻見を焼き尽さずんばやまざる概あり。その言壮烈、千歳の後、人をして感奮興起せしめずんばおかざるものあり。明治維新の原動力、この一書に存すといはるることもとより当然にして、その原動力のやどるところ実にこの正統論にありといふべきなり。

という論評も不思議でないほどである。もちろん氏が本書を「明治維新の原動力」と考えるのは当然だが、しかし事実としては誤りであると私は思うが……。

だがしかし、このこと自体が、実は後醍醐天皇における矛盾の必死の隠蔽《いんぺい》にすぎない一種の「言いまくり」であり、人が事実でないことを事実だと強弁するときの態度と同じだというにすぎない。というのは、彼の主張に対して、「では一体、陽成天皇はどうなのだ。彼の登位も『邪《よこしま》ならず』のはずではないか。その彼が『性悪く』そのため廃立され、その廃立をあなたは正当だというなら、契約を破った後醍醐天皇が京都を追われ、契約通りに光厳院（量仁親王）が京都にいるのは当然であって、量仁親王の方に正統性があるではないか」といえば親房は何と答えるであろう。何にも答えようがないか、といえばそうでなく、これに対して彼は一転して「修養論」を展開するのである。

この「修養論」の内容は除く。前述のようにこれが神器論と結合され、さらに神道を中心に儒仏を両翼とすべしといったいわば「日本教学」というべきものが展開され、それ自体としても非常に興味をそそるものだが、ここでは、ただその背後に、後醍醐天皇の「終始かわらざる修養」という事実があり、彼はそれを強調し、それが正統性の主張の根本的な一要素となっていることを指摘するにとどめよう。

同時代のすべての資料は、彼の主張が事実に即していることを証明している。後醍醐天皇は確かに稀《まれ》に見る英才であり、刻苦精励の人であり、強烈な意志の人であり、またおそらく同時代の最高の教養人の一人であった。このことは、彼への譲位を強いられ、以後彼とは一種の政敵の関係にあった花園院すら認めるところで、その日記に、皇太子(すなわち後の後醍醐天皇)は、和漢の才においても、識見においても、自分より秀でているという記述がある。

ところが花園院自身が、おそらく同時代の最高の知識人で実に博学な人であったから、親房をはじめとする周囲の人が、一種驚嘆の念をもって後醍醐天皇を見ていても不思議ではない。

ではここで、親房に、そのような人なら契約を破ることは許されるのかと問えば、『神皇正統記』というこの本の背後、主としてその「修養論」の背後から一つの言葉がかえってくる。そしてそれと同じ言葉は、数百年をとびこえて漱石の『こころ』からも聞えてくるのである。「先生」の友人「K」は言う――「……そうだ」、許される、「道のためなら、そのくらいのことをして構わない……」。

『神皇正統記』と『こころ』を読み比べていくと、後醍醐天皇と「友人K」とは余り似すぎていて、時には、漱石が後醍醐天皇をモデルにして「友人K」を創作したのではないかという錯覚を抱くほどである。もちろんこれは錯覚だが、こういう錯覚を抱く結果となるのは、この両者の間に全く同じような考え方・生き方をした日本人が無数にいた、そして今もいる、ということの証拠であろう。これは日本教が生み出した、時代と環境と社会的地位を超越した一つのタイプに相違ない。

後醍醐天皇も「友人K」も共に近づきがたい英才であり、刻苦精励、潔癖で、自己に対して峻厳《しゅんげん》で、倫理的であり、周囲の人間を感嘆させずにおかない資質がある。

しかし「友人K」は、養家を欺き、養家との契約を一方的に破棄し、その結果、実家からも勘当され、一切の収入は絶たれ、「北向きの湿っぽい臭いのするきたない室」「食い物も室相応に粗末」な境遇で、「則道去私」で修養に専念する。彼には契約破棄への罪悪感はない。「則道去私」なら許されるからである。

一方後醍醐天皇は、「文保の御和談」という契約を一方的に破棄する。彼はこの契約により幕府の後押しで登位したのだから、幕府はいわば養家にあたる。この養家を欺くに等しいことをしたため、実家ともいうべき「朝廷・公家集団」からも勘当され、「北向きの湿っぽい臭いのするきたない室」ともいうべき隠岐《おき》や吉野におり、「食い物も室相応に粗末」ともいうべき、まことに王者にふさわしからぬ状態におかれながら、少しもひるまず、敗北感もなく、むしろ傲然《ごうぜん》として政務にはげみ、修養に専念する。しかし彼にも、契約破棄への罪悪感はない。

二人に共通する点を定義すれば、それは「自己規定の去私の人」という一言につきる。しかし前に述べた通り「自己規定の去私」は存在しえない。存在しえないものは消える。Kは自殺する。後醍醐天皇は生涯そのものが前期天皇制の自殺行為であるといえる。ただし二人とも墓は立つ。そしてこの墓に毎月花を捧《ささ》げる人がいるように、そしてその人が、「無意識の去私の人」と共にいるように、前期天皇制を自殺へと追い込んでいった一人物が、後醍醐天皇のため壮大な寺を建てて供養する——その人の名は足利尊氏である。そして、『こころ』の「私」にあたる人物が、その経過を記し、その「遺書」を後代に送った。それが『神皇正統記』であり、「私」は親房である。

四、「公家の武家化」に収斂する親房の思想

武士は朝敵なり

後代の尊氏に対する批評は、一まず措く。われわれはまず同時代人が尊氏をどう見たか、また尊氏自身が何を言ったか、また何をしたか、を調べねばならない。彼の真の政敵はだれであったか。一言にしていえば親房であったろう。義貞《よしさだ》との争いは、いわば武家集団内の争いであり、見方によっては、おそらく親房らが仕組んだ「武家集団分割統治」の策謀から生じた争いかも知れない。

ここに、非常に面白い親房の「高氏評」が生れる――彼は尊氏とは書いていない――。彼にとっては、高氏であれ正成であれ、等しく武士であった。そして「武士たる輩《ともがら》、いへば数代《すだい》の朝敵なり」であった。後代はこの点を見逃がし、武士を忠誠なる南朝方と乱臣賊士の幕府方にわける。しかし高氏の時代の朝廷・公家集団内では、武士そのもの

が朝敵であった。親房が、高氏であれ正成であれ義貞であれ、ある面では全く同じように扱うのは、こういう観点から見ているからである。従って彼には、特別な「高氏評」はないし、彼のみを朝敵として糾弾しているわけではない。この点で、彼の見方は、後代とは決定的に違っている。

明治時代に創作された「武士道」以来、武士とは日本の象徴的存在のようになったが、少なくとも親房にとっては、彼らの存在自体が違法であり、彼らのすべてが「違法者集団」であった。

問題はここである。ではその彼がなぜ幕府を合法政権と規定し得たのであろう。ここに彼の論旨に大きな矛盾が出て来ており、それがそのまま後醍醐帝の矛盾となって行き、従って彼の武士批判は、読んで行くうちに、実は後醍醐帝批判になって行くのである。前述のように、彼は、後醍醐帝を、「稀代の英主」と信じ、天皇家の政権回復は彼以外には不可能と思い、あらゆる方法で彼を正当化してきた。

しかし、後醍醐帝の対武家政策だけは彼には何とも納得できぬ点があり、従って、帝がそうせざるを得なかった責任はすべて武家に転嫁してこれを糾弾しつつも、最後には「……末世のいたりこそまことにかなしく侍《はべ》れ」「……云《いう》かいなきことになりにけり」

「……御怨念《おんねん》の末むなしく侍りなんや」「……時の運とぞおぼえ侍る」という一種の諦《あきら》めになってしまうのである。といっても彼は、時代を見抜く目がなかったわけではない。

ではここで、まず『神皇正統記』より、高氏に言及したところだけを抽出してみよう。

……源《みなもとの》高氏《たかうじ》ときこえしは昔の義家朝臣《よしいえあそん》が二男、義国《よしくに》と云《いい》しが後胤《こういん》なり。彼義国《かのよしくに》が孫なりし義氏《よしうじ》は平《たいらの》義時《よしとき》朝臣《あそん》が外孫なり。義時等が世《よ》となりて、源氏の号ある勇士には心をおきければにや、おしすゑたるやうなりしに、これは外孫なれば、取立て領ずる所などもあまたはからひおき、代々《よよ》になるまでへだてなくてのみありき。高氏も都へさしのぼせられけるに、疑をのがれんとにや、告文《こうもん》をかきおきてぞ進発しける。されど、冥顕をもかへりみず、心がはりして、御方《みかた》にまゐる。

ここではじめて高氏が登場する。しかし彼とて別に特別扱いされているわけではなく、「坂東よりのぼれる兵《つわもの》の中に藤原の親光と云者も彼山にはせくはゝりぬ。つぎ〱御方にまゐる輩《ともがら》おほくなりにけり」の中の一人として登場するにすぎない。そして、抑《そもそも》、彼高氏御方にまゐりし其功は誠にしかるべし。すゞろに寵幸《ちょうこう》ありて、抽賞せられしかば、ひとへに頼朝卿《よりとものきょう》天下をしづめしまゝの心ざしにのみなりにけるにや。いつしか越階《おっかい》して四位に叙し、左兵衛督に任ず。拝賀のさきに、やがて従三位して、程なく参議従二位までのぼりぬ。三ケ国の吏務、守護および、あまたの群庄を給る。弟直義左馬頭《ただよしさまのかみ》に任じ、従四位に叙す。昔頼朝ためしなき勲功ありしかど、高官高位にのぼることは乱政なり。はたして子孫もはやくたえぬるは高官のいたす所かとぞ申伝たる。高氏等は頼朝実朝が時に親族などとて優恕《ゆうじょ》することもなし。たゞ家人の列なりき。実朝公八幡宮に拝賀せし日も、地下前駈《じげぜんく》二十人の中に相加れり。たとひ頼朝が後胤なりとも、今さら登用すべしともおぼえず。いはむや、ひさしき家人なり。さしたる大功もなくて、かくやは抽賞せらるべきと、あやしみ申輩もありけりとぞ。関東の高時天命すでに極りて、君の御運をひらきしことは、更に人力といひがたし。武士たる輩、いへば数代《すだい》の朝敵なり。御方にまゐりて其家をうしなはぬこそあまさへある皇恩なれ。さらに、忠をいたし、労をつみてぞ理運の望をも企はべるべき。しかるを、天の功をぬすみて、おのれが功とおもへり。介子推《かいしすい》がいましめも習しるものなきにこそ。かくて高氏が一族ならぬ輩もあまた昇進し昇殿をゆるさるゝもありき。されば、或人の中されしは公家の御世にかへりぬるかとおもひしに、中々猶武士の世に成ぬるとぞ有し。

結局は、武士が実権をもつ世の中にすぎないではないか。これは親房の嘆声であろう。そしてここの「さしたる大功もなくて、かくやは抽賞せらるべきと、あやしみ中輩もありけりとぞ」の部分、およびこの文章につづく部分は、明らかに後醍醐帝批判である。しかし、このことは後述するとして、高氏への記述を追おう。

建武《けんむ》乙亥《きのとい》の秋の比《ころ》、滅《ほろび》にし高時が余類謀叛をおこして、鎌倉にいりぬ……（そして高氏の弟直義は参河国《みかわのくに》まで逃れたので）高氏は申うけて東国にむかひけるが、征夷将軍、ならびに諸国の惣追捕使《そうついぶし》を望けれど、征東将軍になされて、悉《ことごと》くはゆるされず。程なく東国はしづまりにけれど、高氏のぞむ所達せずして、謀叛をおこすよしきこえしが、十一月《しもつき》十日あまりにや、義貞を追討すべきよし奏したてまつり、すなはちうつてのぼりければ、京中騒動す。追討のために、中務卿《なかつかさきよう》尊良《たかよし》親王を上将軍として、さるべき人々もあまたつかはさる。武家には義貞朝臣をはじめて、おほくの兵をくだされしに、十二月《しわす》に官軍ひきしりぞきぬ。関々をかためられしかど、次の年丙子《ひのえね》の春正月《むつき》十日、官軍又やぶれて朝敵すでにちかづく。よりて比叡《ひえい》山、東坂本に行幸して、日吉社《ひよしのやしろ》にぞましまし〳〵ける。内裏もすなはち焼ぬ。累代の重宝もおほくうせにけり。昔よりためしなきほどの乱逆なり。

そこへ陸奥より北畠顕家《あきいえ》がはせ加わったので「官軍大《おおき》に力をえて、山門の衆徒まで万《ばん》歳《ぜい》をよばひき」となり、

同、十六日より合戦はじまりて、三十日つひに、朝敵を追落す。やがて、其夜還幸し給。高氏猶摂津国にありときこえしかば、かさねて諸将をつかはす。二月《きさらぎ》十三日又これをたひらげつ。朝敵は船にのりて西国へなむおちにける。

ところがこれを追った義貞は、

筑紫《つくし》へくだりしが、播磨《はりま》国に朝敵の党類ありとて、まづこれを退治すべしとて日をおくりし程に、五月《さつき》にもなりぬ。高氏等西国の凶徒をあひかたらひて、かさねてせめの

ぼる。官軍利なくして都に帰参せしほどに、同二十七日に、又山門に臨幸し給。八月《はつき》にいたるまで、度々合戦ありしかど、官軍いとすゝまず。仍《より》て都には元弘偽主《ぎしゆ》の御弟に三の御子豊仁《ゆたひと》と申けるを位につけ奉る。十月《かんなづき》十日の比《ころ》にや、主上都に出させ給。

そして十二月に、「……芳野に入らせ給ふ」ということになるわけで、高氏への言及は、後にも先にも、ここに引用した部分だけである。しかもその書き方はまことに事務的でまた平静であり、彼は決して高氏という一人間が、建武の中興を破綻させたとは見ていないことがわかる。彼は後代の皇国史観に毒された史家のように、高氏を悪逆無道の乱臣賊子には仕立てあげてはいない。彼は建武の中興の破綻を全く別の観点から見ており、高氏も、その破綻の中を右往左往した一人物としてしか見ていないのである。そしてある点では、確かに彼を、同時代の武士たちより高く評価していたはずである。

土地問題とその対策

現代の史家は、建武の中興の破綻を、庄園制の崩壊期における全国的な土地争いにおく。ところが面白いことに北畠親房も、全くこれと同じ観点から中興の破綻を見ているのである。従って「新しい史観」の如くに見えるものが、実は、最も古い史観なのである。

以下に、親房が同時代の「土地問題」を論じた部分を抽出して、彼がその時代をどのように見ていたかを探ってみよう。

君は万姓《ばんせい》の主にてましませば、かぎりある地をもて、かぎりなき人にわかたせ給はむことは、おしてもはかりたてまつるべし。一国づゝをのぞまば、六十六人にてふさがりなむ。一郡づゝといふとも、日本は五百九十四郡こそあれ、五百九十四人はよろこぶとも、千万の人はよろこばじ。況《いわん》や、日本の半《なかば》を心ざし、皆ながらのぞまば、帝王はいづくをしらせ給べきにか。かゝる心のきざして、ことばにもいで、おもてには恥《はず》る色なきを謀叛のはじめと云べきなり。

と言って彼は、土地、土地と領土を欲しがる者をいましめているわけだが、現状は、後述するようにたびたび彼を概嘆さすだけであった。『梅松論』は端的に「重賞のもとには勇士あり」と記しているが、この重賞は必ずしも勇士のところへ行くわけではなかった。『太平記』によれば「指せる事もなき郢曲《えいきよく》妓女の輩、蹴鞠《けまり》伎芸の者共、乃至衛府諸司官女官僧まで、一跡二跡を合せて、内奏より申し賜りければ、今は六十六ケ国の内には、錐《きり》を立つる地も、軍勢に行はるべき闕所《けつしよ》はなかりけり」という状態であった。

一体この原因は何か。はっきり言えば後醍醐帝は、政治家としては、北条高時よりさらに無能であったという一言につきる。後代は公家が無能であったというが、藤原藤房のような有能な公家が、まず、天皇政権を見限っているのも事実である。

確かに彼の言う通り「天下の士卒挙《こぞ》りて官軍に屈せし事更に他なし、只一戦の利を以て、勲功の賞に預らんと思へる故」であり、それなのに「公家被官の外は、未だ恩賞を賜たる者あらざるに、申状を捨て訟《しよう》を止たるは」、彼らがはっきりと、天皇政権を相手とせず、以後は実力闘争を宣言したに等しいはずなのである。

なぜこういうことになったのか。記録所・雑訴決断所の決定が遅くとも、それが少なくとも公平であり、また一度決定されればそれが最終的な決定であればよいのだが、その決定さえ「内奏」でくつがえってしまう。「近時臨時に内奏を経て、非義を申断間、綸言《りんげん》朝に変じ暮に改まりし程に、諸人の浮沈掌を返すが如く」と『梅松論』に記されている通り、どこで何が決定されているかわけがわからなくなって、所領一カ所に何人もの領主が出来るという結果になってしまうからであった。親房は嘆いて言う。

今は本所の領と云し所々さへ、みな勲功に混ぜられて、累家もほと〳〵其名ばかりになりぬるもあり。これみな功にほこれる輩、君をおとし奉るによりて、皇威もいとゞかろくなるかとみえたり。か丶れば、其功なしといへども、ふるくより勢ある輩をなつけられんため、或は本領なりとてたまはるもあり。或は近境《きんけい》なりとてのぞむもあり。闕所をもておこなはる丶にたらざれば、国郡につきたりし地、もしは、諸家相伝の領までもきそひ申けりとぞ。をさまらんとしていよ〳〵みだれ、やすからんとして、ます〳〵あやふくなりにける末世のいたりこそまことにかなしく侍れ。

「功にほこれる輩、君をおとし奉る」と彼は書いているが、親房には、『神皇正統記』以下の文書にも、当時の武士の功利主義的実体をなげいたものがある。
それは『結城文書』にある親朝に与えた書状で、石川一族が、朝廷方に参ずるにあたって、本領の安堵《あんど》のほかに、あらかじめ恩賞の地を所望したとのべて、参ずる前からこういう条件を出してくるとは「商人の所存」だと非難している。これは、間接的に結城親朝をも非難したわけであろう。
おそらくこれが当時の実体であり、武士たちは、天皇の権威を全く認めておらず、ただそれは取引の対象にすぎなかった。その対象が、朝令暮改で全くあてにならぬとなれば、『太平記』に記されている次のような言葉が出てきても不思議ではない。

又正しく承りし事のあさましかりしは、都に王といふ人のまし〳〵て、若干の所領をふさげ、内裏院御所といふ所ありて、馬より下るむづかしさよ。若《も》し王なくて叶ふまじき道理あらば、木を以て造るか、金を以て鋳るかして、生きたる院国王をば、何方へも皆流し捨て奉らばやと、いひし言のあさましさよ。

確かにこういう人びとに現に接していた親房にとっては、高氏が特別な逆臣とは見えなかったであろう。否、おそらくは彼に、何らかの親近感を抱いていたはずである。だがこれについては後述することにして、親房が、一体全体こういった事態が、何によって招来されたと考えていたか、まずそれを調べてみなければならない。親房には、彼独特の、土地所有形態変遷論といったものがあった。以下その部分を抽出してみよう。

……功田と云ことは、昔は功のしなにしたがひて大上中下の四の功を立て田をあかち給き。其数みなさだまれり。大功は世々にたえず。其下《しも》つかたは或は三世につたへ、孫子《まごこ》につたへ、身にとゞまるもあり。天下を治と云ことは国郡を専《もはら》にせずして、そのこと丶なく、不輸《ふしゅ》の地をたてらる丶ことのなかりしにこそ。国に守《かみ》あり、郡《こおり》に領あり、一国のうち皆国命のしたにてをさめしゆゑに法にそむく民なし。かくて国司の行迹《こうせき》をかむがへて、賞罰ありしかば、天下のこと掌《たなごころ》をさしておこなひやすかりき。其中に諸院諸宮に御封《みふ》あり。親王大臣も又かくのごとし。其外官田職田とてあるもみな官符を給て其所の正税《しょうざい》をうくるばかりにて、国はみな国司の吏務なるべし。但、大功の者ぞ今の庄園などとて伝るがごとく、国にいろはれずしてつたへける。中古となりて庄園おほくたてられ、不輸の所いできしより乱国とはなれり。上古《しょうこ》にはこの法よくかたかりければにや、推古天皇の御時、蘇我大臣わが封戸《ふこ》をわけて寺によせんと奏せしをつひにゆるされず。光仁天皇は永く、神社仏寺によせられし地をも永の字は一代にかぎるべしとあり。後三条院の御世こそ此つひえをきかせ給て、記録所をおかれて国々の庄公の文書をめして、おほく停廃《ちょうはい》せられしかど、白河、鳥羽の御時より新立《しんりゅう》

> の地いよ〳〵おほくなりて、国司のしり所百分が一になりぬ。後ざまには、国司任におもむくことさへなくて、其人にもあらぬ眼代《がんだい》をさして国をさめしかば、いかでか乱国とならざらん。況《いわん》や、文治《もんじ》のはじめ国に守護職を補《ふ》し、庄園、郷保《ごうほう》に地頭をおかれしよりこのかたは、さらに古のすがたと云ことなし。政道をおこなはる丶道、こと〴〵くたえはてにき。

そしてついに「六十六ケ国の内には、錐を立つる地も」なくなってしまった。問題がここにあることを親房はよく知っている。しかし彼は歴史家でもなければ批評家でもない。従って、このように変遷してこうなったと指摘すればそれですむわけではなかった。彼はこの状態を何とか収拾し、後醍醐帝の下に、統一政権を打ち建てねばならなかった。では一体具体的には、彼は、どういう政策をとったのであろうか。

武士は恩賞だけで動く。では公平な領土の分与で武士団の人望と信頼を得て、その大多数の支持のもとに政権を保持すればよい。もちろん不平分子はいるであろう。それはいずれの時代にもいるのだが、それが例外者なら問題でないから、中正を保つ裁定者乃至は管理者として、武士団の大多数の支持に立って政権を維持すべきだ、というのが普通の考え方、というより幕府的な考え方だが、彼はそう考えなかった。「武士は朝敵なり」だったのである。

従って彼のとった政策は、一言でいえば「公家の武家化」であった。すなわち天皇家を契約の対象と考えて、「兵力供与」対「恩賞」という取引をしようとする者は、彼にとってはすべて朝敵であり、「去私の人」後醍醐帝に対して「則天皇去私」である者を求めたわけである。そして彼自身もそれを実行し、彼の子顕家にもそれを実行させた。『神皇正統記』には、長々とわが子の顕家についてその記述があり、これは一見、自画自讃のように見えるが、前述の「土地＝恩賞問題」と並行しているこの記述を読むと、彼が何を言おうとしているかがわかる。関係の部分を引用しよう。

同年冬十月《かんなづき》に先《まず》あづまのおくをしづめらるべしとて、参議右近中将源顕家卿を陸奥《みちのおくの》守《かみ》になしてつかはさる。代々和漢の稽古をわざとして、朝端につかへ、政務にまじはる道をのみこそまなびはべれ。吏途の方にもならはず、武勇の芸にもたづさはらぬことなれば、たび〲いなみ申しかど、公家すでに一統しぬ。文武の道二《ふたつ》あるべからず。昔は皇子、皇孫、もしは執政の大臣の子孫のみこそおほくは軍《いくさ》の大将にもさゝれしか。

今より武をかねて蕃屏《はんぺい》たるべしとおほせ給て、御みづから旗の銘をかゝしめ給、さま〴〵の兵器をさへくだしたまはる。任国におもむく事もたえてひさしくなりにしかば、ふるき例をたづねて、罷申《まかりもうし》の儀あり。御前にめし勅語ありて、御衣《おんぞ》、御馬などをたまはりき。猶、おくのかためにもと申うけて、御子を一所《ひとところ》ともなひたてまつる。かけまくもかしこき今上皇帝の御ことなれば、こまかにはしるさず。彼国《かの》につきにければ、まことにおくの方ざま、両国をかけてみななびきしたがひにけり。

これが親房の案であったであろうことは想像にかたくない。そして高氏の京都進攻の後を追って顕家は京都に駆けつける。

かゝりしあひだに、陸奥守鎮守府の将軍顕家卿この乱《みだれ》をきゝて、親王をさきに立奉りて、陸奥出羽《みちのおくいでわ》の軍兵を卒してせめのぼる。同十三日、近江国につきてことの由を奏聞す。十四日に江をわたりて坂本にまゐりしかば官軍大《おおき》に力をえて、山門の衆徒までも万歳《ばんぜい》をよばひき。同十六日より合戦はじまりて、三十日つひに、朝敵を追落す。やがて、其夜還幸し給。

確かにこの際、顕家は戦功第一であろう。従って今の状態では普通ならば、次のようなことになるであろう。すなわち、

此比《このごろ》のことわざには、一たび軍《いくさ》にかけあひ、或は家子郎従節《せつ》にしぬるたぐひもあれば、わが功におきては日本国を給《たまえ》、もしは半国を給てもたるべからずなど申める。まことにさまでおもふことはあらじなれど、やがて、これよりみだるゝ端《はし》ともなり、又朝威のかろ〴〵しさもおしはからるゝものなり。言語《げんぎょ》は君子の枢機なりといへり。あからさまにも君をないがしろにし、人におごることあるべからぬことにこそ。さきにしるしはべりしごとく、かたき氷は霜をふむよりいたるならひなれば、乱臣賊子と云者はそのはじめ心ことばをつゝしまざるよりいでくるなり。世の中のおとろふると申は日《ひ》月《つき》の光のかはるにもあらず、草木の色のあらたまるにもあらじ。人の心のあしくなり行を末世とはいへるにや。

しかし顕家はそうならなかった。

かくて親王元服し給。直に三品《さんぼん》に叙し、陸奥の太守に任じましします。彼国の太守は始たることなれど、たよりありとてぞ任じ給。勧賞《けんしょう》によりて同母の御兄、四品成良《しほんなりよし》のみこをこえ給。顕家卿はわざと賞をば申うけざりけるとぞ。

「わざと賞をば申うけざりけるとぞ」、彼の言いたかったことはこれであろう。だが、高氏の東上で、顕家も再び西下するがついに和泉《いずみ》で敗死する。

又の年、戊寅《つちのえとら》の春二月《きさらぎ》、鎮守大将軍顕家卿、又親王をさきだて申、かさねてうちのぼる。海道の国々ことぐ〱くたひらぎぬ。伊勢、伊賀をへて大和に入り、奈良の京になむつきにける。それより所々の合戦あまたゝびに勝負侍りしに、同五月《おなじきさつき》、和泉国にてのたゝかひに、時いたらざりけむ、忠孝の道こゝにきはまりはべりにき。苔《こけ》の下にうづもれぬ、たゞいたづらに名をのみぞとゞめてし。心うき世にもはべるかな。

建武の中興はこのときに、完全に終ったと親房も考えたのではないであろうか。もっとも彼には、もう一度、後醍醐帝の没後に、高師冬への勝利があったが……。彼は、前期天皇制の復活のため「一方万物は悉く《ことごと》国王の物」という原則と、武士的契約を第一と考えた同時代との接点を、「去私」に求めたといえよう。そしてこの観点からすれば、「武士は朝敵なり」であっても、去私の人・泰時の主宰する幕府は合法であり、また後醍醐帝の「文保の御和談」の破棄も合法であった。「去私」は契約の対象となるわけがないからである。

そして彼は、この考え方に基づいて歴史を再構成し、それに基づいて同時代を再構成しようとした。そしてその方法として、「公家の武家化」が進められ、自らもその模範となり、子の顕家にもそれを率先して行なわせたわけであろう。

しかし「去私」というなら高氏もそうであった。彼の後醍醐帝への態度は、確かに、はじめは泰時と同じなのである。彼が北条時行《ときゆき》を討つため鎌倉へ向った前後の態度は、その考え方が、泰時と全く同様であったように思われる。そして彼は、常に後醍醐帝に、一種断ちがたい愛憎といった感情を生涯もちつづけていたと思われる。

それでいながら彼は北朝の側に立った。なぜであろうか。だがそれを探るためには、まず親房と敵対関係にあった北朝の思想を探らねばなるまい。

北朝の『正統記』

もちろん『北朝正統記』という本があるわけはない。しかし後期天皇制を創立した北朝には、南朝と全く違った『北朝イデオロギー』があったことは言うまでもない。皇国史観のため、今まで全く顧みられなかったこの北朝の思想の中に、逆に私は、なぜ天皇制が、院を犬と呼び、天皇は木か金で作った方がいい、生きている天皇はみなどこかへ流してしまった方がいい、とまでいわれながら、なお厳然として存続して行ったかという謎をとく鍵があると考えている。

私は「北朝思想」ともいうべきものを形成したのは、「文保の御和談」で十歳年上の皇太子、後の後醍醐帝に譲位させられた花園院の思想と性格であろうと思う。そして彼の考え方を端的に示しているのが、量仁親王（後の光厳院）に与えた『太子を誡むるの書』であると見る。このとき（一三三〇年）、前にのべたように量仁親王は後醍醐帝の皇太子であった。

この書は全篇漢文で記され、実に論旨が明白で、かつ論理的である。ここで論じられているのもまた「正統性」だが、『神皇正統記』に見られるような混乱は全くなく、初めから終りまで実にみごとに一定の思想が一貫しており、こういう論理的な思考が当時の日本にも存在したのかと、少なからぬ驚きさえ感じさせる文章である。

それだけでない。彼は、おそるべき大乱が近く勃発《ぼっぱつ》して、長期間続くことをすでに予知していて、これにいかに対処すべきか、それを教えているようにさえ見える。一種の予言書と見るべきかも知れない。次にそのほとんどの全文を現代文に意訳しかつ敷衍《ふえん》しつつ、大意を記そうと思う。


――私は聞く、天が人民を生じ、この人民が君主を立てて司牧する、その理由はそれが人間を利するからであると。民衆は暗愚であるからこれを教導するに仁と義をもってし、また凡俗は無知であるからこれを統治するに政術をもってすること。ではその才のないものはどうすべきか、その者はその位（天皇の位）にあってはならない。人民の中の一官ですら、これをその才なきものに任ずれば「天事を乱る」という。まして天皇という位においてをや、「慎まざるべからず、懼《おそ》れざるべからず」である。

しかし皇太子は「宮人之手」で成長したので、未だ一般人民の急（困窮患難）を知らない。「綺羅《きら》の服飾を衣て織紡の労を思ふ無し」であり、いつも御馳走《ちそう》に飽いていいても、稼穡《かしょく》（農耕・収穫）の困難を知らず、国家に対しては何の功もなく、人民に対しては何一つ恩恵を与えたことはない。そしてただ天皇家の子孫だからという理由だけで、ただそれだけで将来、万乗の天皇の位につこうとしている。これといった徳があるわけでもないのに王侯の上に位置し、何一つ功もないのに人民の上に臨む。どうしてこれを恥じないでいられよう。

さらに皇太子は、詩書礼楽のうち何か修得したものがあるのか、また民を御する道を知っているのか、自分で反省してみてほしい。もし温柔敦厚の教えを自らのものとし、疎通知遠の道の真意に達しているのならまだよいが、たとえそうであってもなお十分でないのではないかと恐れるべきことなのだ。ましてまだこの道徳を備えないで、どうして登位することができようか。それでは網を捨てて魚のかかるを待ち、耕さずして穀物の実るのを待つと同様に、その位を得ることはむずかしいであろう。確かに、強引に努めればこれを入手することはできよう（後醍醐天皇への批判か？）。だがそれは、保持できるということではない。秦《しん》が強大でも漢に併呑《へいどん》され、隋《ずい》の煬帝《ようだい》がいかに盛んでも唐に亡ぼされた通りである。

以上のように私が言えば、宮廷の諂諛《とうゆ》の愚人がきっというであろう。日本は外国と違って皇胤一統で、徳によって政権が移り、また武力によって多くのものが帝位を目ざす外国と同じでない。従って徳が少なくとも隣国からつけこまれることもないし、政治が乱れても「異姓」が帝位を奪う心配もない。これは先祖の伝来の功徳で外国にはないことなのだから、この先代の余風をうけて、大過なければ「守文の良主」なのだから、それで十分である。何が故にこのうえさらに無理をして余計な徳などつもうとするか、大過なければよい、大過なければよいと。そして宮廷の女性の無知なる者は、またみなその通りというであろう。しかし私は、これは実に大きく深い誤りであると思う——。

ここで花園院は、すでに恐るべき大乱が近づいていると予告する。これが書かれたのが元徳二年（一三三〇）、翌年が元弘元年で後醍醐帝が笠置へ行き、二年に隠岐に移され、三年に北条氏が滅亡、以後大乱がつづくのであるから、まさにこの予告は的中している。

——すなわち「事迹は未だ顕われずと雖《いえど》も、物理は乃ち炳然《へいぜん》たり」である。こういう時に、「薄徳を以て神器を保たんと欲するも」どうしてそれを道理が許すであろう。これを思えば、まさに累卵《るいらん》の危きといえる。たとえわが国は「異姓」が帝位をうかがうことはないと言っても、一国の運命・天皇家の運命が延びるもちぢむも、この理によるのである。加うるに中古以来兵乱がつづいて、帝威は衰えている。どうしてこれを悲しまないでおられよう。太子はよく前代の興廃の理由を観察されるがよい。見本は、すぐ目の前に、はっきりとあるではないか。

世の中はすでに乱世になりかかっている。人びとはみな暴悪になっている。従って、すべてのことをよく知り、裏も表もわかっていないで、どうしてこの悖乱《はいらん》の人びとを統御できようか。太平の時になれて平凡人は乱を知らない。また太平の時なら平凡な君主でも治めることができるであろう。それは、その時勢の勢いで治まるからである。今は確かにまだ大乱とはいえない。しかし乱の萌芽が見えてすでに久しい。この原因は絶対に一朝一夕でできたものではない——。

これにつづく一文を、私は、花園院の後醍醐帝批判と見る。すなわち「文保の御和談」の契約期間がすでに二年余すぎているのに、言を左右して譲位に応じないことを、契約を明確に守った彼は、賢主の行為とは見ていないのである。すなわち「聖主が帝位にあれば、（この時期でも）すべてが治まって無事だろう。賢主が帝位にあれば、多少は問題があっても乱とはならない」と。確かに花園院の在位中は、殆《ほとん》ど争乱がなかった。しかし、今の状態ではどうなるかわからない。「もし主、賢聖に非ずば、則ち恐る、乱たゞ数年の後に起らん。而して一旦乱に及ばば、則ちたとへ賢哲の英主といへども」短日月のうちに平和を取りもどすことはむずかしい。必ず数年はかかるものである。まして平凡な君主がちょうど運悪くこの時期にいたら「則ち国、日に衰へ、政、日に乱れ、勢必ず土崩瓦解に至らん」、それなのに愚かなる人びとはこの時変を見抜くことができず、昔の泰平の時代の尺度で今日の衰乱を計っている。「ああ誤れるかな、誤れるかな……」

今の主（後醍醐帝）はまだこの恐ろしい機会に当っていない。しかし、おそらくは太子が登位したときが「此衰乱之時運に当らん歟《か》」と。この予言はまさにあたっている。すなわち元弘元年九月笠置が陥り、後醍醐帝が捕えられ、十月に神器を彼すなわち量仁親王（光厳院）にわたしたとき、以後の長い争乱がはじまったからである。

花園院はつづけていう。

――そういう時にあたっては「内に哲明の叡聡あり外に通方の神栄あるに非ずば、乱国に立つを得ず」と。では一体これに対して具体的にはどうすればよいか。恩賞で武士団を味方につけるか、乱世に備えて公家の武家化を計るか、否、そうではない。そういう方法では、何も解決しない。それは目前の政争の処理にすぎず、むしろ「一日屈を受くるも、百年の栄を保たば猶忍ずべし」の道を選ぶべきである。

彼には、朝廷が武力によって政権を保持すべきであるという考え方が全くない。そうでなく、乱国に立つためにこそ学問が必要で「是れ朕が強ひて学を勧むる所以なり」と言う。これは北朝の基本的な考え方、いわば憲法であり、一言にしていえば「天皇＝日本教の大祭司職」と宣言し、それに天皇の正統性をおいた文書といえる。これは、頼朝の三原則、泰時の明恵上人への告白と共に、日本の形成にあたって、最も大きな影響を与えた重要な文書の一つであると私は考える。

彼はつづけて言う。

――「今時の凡人はこのことを知らない。しかし詩書礼楽によらざるものは、治めることはできない」。従って「寸陰を重んじ、夜を以て日に続《つ》ぎ、宜《よろ》しく研精すべし」である。しかしたとえ「学百家を渉り、国に六経を誦するも」それで儒教の奥義をきわめたと思ってはならない。ましてわずかばかり学んで「治国の術を求むるは」あぶが千里を思い、せきれいが九天を望むより愚かなことである。従って学びに学んで経書に精通したら、日々それで自分を評価して反省していけば、経書の精神に自分が似てくるようになるであろう。必要なのはそのことである。すなわち「学の要」とは、ここにまず至ってから、次に物事に対する正しい知識、将来への判断、天命の終始の知得、時運の見通しをはじめ、先代興廃の跡をよく探究する等、まことに「変化きわまりないもの」なのである。諸子百家の文を暗誦したり、巧みに詩賦を作ったり、うまく議論をするなどということは、群僚がそれぞれやればよいことで、君主が自らこれに労する必要はない。『寛平聖主遺誡』に「天子雑文に入つて日を消すべからず」と言っているのは、このことである。

最近は愚かな儒者たちがいて、まことに凡才であって、ただ徒《いたず》らに仁義仁義とその名を守るだけで、儒者とは何であるかを理解していない。これはただ言葉を集めているだけ、ただ知識の集積で、これでは労ばかりで功はない。

と思うと最近は、その逆の一群の学徒もいる。すなわち聖人の言葉をわずか一言聞いただけで、あとは自分で何もかも臆測《おくそく》してわかったつもりになり、仏教や老子の言葉を借りて、ただ中庸中庸と強調し、「湛然《たんぜん》盈寂《えいじやく》の理を以て儒の本となし」、「仁義忠孝の道は知らず」「法度に協わず礼義を弁ぜず」である。

その人たちが無欲清浄であることは一応立派だと思うが、これはむしろ老荘の道であって孔孟の教えでなく、儒教とは根本的には違うから、治国の道としてはとるべきでない。たとえ学の道に入ったとしても、このように失敗は多いのである。「深く自ら之を慎み、宜しく益友を以て切磋《せっさ》せしむべし」

学問ですらなお誤りがあり、道は遠い。ましてそのほかのことにおいてをや、である。深く自らを誡めて過ちを防がねばならない。いまの小人が習う所は、ただ俗事だけである。たとえ生知の徳があっても、これに染まることは恐ろしい。そんなことをしていては、到底上知に到達はできない。徳を立て学を成すの道は、そういうものには全く関係がない。ああ何と悲しいことであるか。こうなってしまっては、先皇の諸業はたちまち墜ちてしまう――そして今やそうなろうとしている（後醍醐帝批判?・）。

私自身は、生来、拙であって智も浅いが、それでもほぼ典籍を学び、徳義を成して、王道を興そうとしたのは何故であったか。これはただ宗廟《そうびょう》の祀を絶たないがためであった。宗廟の祀を絶たないのは、ただに太子の徳にあるのである。他にない。徳を廃して修めなければ、学の所の道もまた用いることができない。これでは「胸を撃て哭泣《こくきゅう》し、天を呼んで大息する所」となる。最大の不幸は、その代に祀を絶つことである。

なぜそうなってはならないか、「学功立ち徳義成らば、ただに帝業の当年を盈にするのみならず、亦即ち美名を来葉に貽《のこ》し、上は大孝を累祖に致し、下は厚徳を百姓（万民）に加えん」となるからである。それは人民のためである。従って、常に「慎まざるべけんや、懼れざるべけんや」である。そしてそうなれば「高うして而して危からず、満て而して溢《あふ》れず」である。そしてまた世に、これほど楽しいことがあろうか。すなわち書中で聖賢とまじわり、「一窓を出でずして千里を見、寸陰を過ぎずして万古を経」。楽の最大なるもの、これ以上のものがあるはずがない。「道を楽むと乱に遇うと」はまさに憂と喜の大きな差である。これは自らの決断において選択すべきことであるから、「よろしく、審に思うべき而已」である。——

以上がほぼ、この『太子を誡むるの書』の全文である。

後醍醐帝は常に積極的であり、時には強引であって、常に自らの意志を押し通そうとした。鎌倉を利用して花園院に譲位させ、十年の契約期間がすぎても居すわりをつづけ、ついに一方的に「文保の御和談」を破棄し、鎌倉と対抗し、政権を掌握しつづけようとした。

しかし帝は、常に現状の分析を誤っていた。はっきりいえば、何一つ事態を掌握しておらず、何一つ的確な方針はなく、何一つ処理できなかった。それでいて俊才であり、強烈な意志の人であり、何かの「道のためなら」自己が破滅することもいとわぬ人、いわば文字通りの「自己規定の去私の人」であった。そしてそれがまた、多くの人をひきつけた。高氏も親房も等しくそれに魅せられたと言ってよかろう。確かにこれは、日本人のもつ一つのタイプである。

一方、花園院は全くそれと違っていた。彼には一見明確な自己主張が皆無に見える。譲位を迫られれば譲位した。そして、その日記では、後醍醐帝を自分よりはるかに優秀な俊才と認めている。

しかしおそらく、その時代の大きな変化と、その中における天皇の位置と役割と任務と将来のあり方を、正しく洞察していたのは彼であったろう。従って、後期天皇制の祖は、彼とすべきかも知れない。そして高氏はこの皇太子すなわち光厳上皇を奉じて京都に入り、ついで光明天皇が即位し――親房の言い方を借りれば「元弘偽主《ぎしゅ》の御弟に三の御子豊仁《ゆたひと》と申けるを位につけ奉る」――、後醍醐帝はこの天皇に神器を渡し、尊氏は幕府を開いて建武式目を定め、十二月に後醍醐帝が密かに吉野に移り、ここに北朝すなわち後期天皇制はほぼ確立したわけである。

五、天皇製造人と下剋上

キング・メーカー(?)としての尊氏

「キング・メーカー」(または「メーカーズ」)に相当する日本語はないように思われるので、一応「国王製造人」としておく。この国王製造人は、シェークスピア劇にも登場するし、ローマ時代にもいたし、中国にもいた。ローマ時代はもちろん近衛軍団であり、中国の宋《そう》の時代には有力な督軍たちであった。従ってこういう国々には、みな「紫衣せられた」という言葉もしくはそれに相当する言葉がある。だがこれに相当する日本語もなかったように思われる。

言葉がなかったということは、その世界に、それに相応する考え方がなかったということだが、これは「全般的には」ないので「その言葉によって意志や考え方の疎通をはかること」がありえなかった、というだけであって、個々の人を探ってみれば、「天皇製造人」という考え方は、明確に存在しているのである。では一体、だれが「天皇製造人」すなわち、後期天皇制を作りあげた「その人」なのであろう。新井白石はこれを足利尊氏と見る。彼によれば足利尊氏こそ、白石の時代までつづいていた天皇制を作りあげたその人なのである。『読史余論』には次の如くに記されている。

……北朝ハ唯足利殿ノ君ニソムキマヰラセラレテ、臣トシテ天下ヲアラソヒタマフコト、サスガ心ノウチニオソレ給ヒ、カツハソノ戦ニ毎度利ナカリシニヨリテ、勧メ申者ドモ有シカバ、ヤガテ光明院ヲ君トシテ、南北両朝ノ御争ノ如クニ取ハカラレシナリ。去レバ、心アリ（る?）人々ハ北朝ニ仕フル事ヲ恥カシキ事ニ思ヒシ也。太平記等ノ物語ニモ持明院殿ハ大果報ノ人ニテ、将軍ヨリ天子ヲ給ラセ給ヒシナド、世ノ人モ云ヒテハヤシケルト見エタリ。サラバ、北朝ハ全ク足利殿ミヅカラノ為ニタテ置キマヰラセラレシ所ニテ、マサシキ皇統トモ申ガタケレバ、或ハ偽主・偽朝ナド、モ其代ニハ云シトゾ見エタル……

これは「足利殿」は「天皇製造人」という定義である。面白いことに、足利尊氏の登場は西欧では英仏百年戦争の開始期とほぼ同じで、イギリスでも同戦役とそれにつづく「ばら戦争」の間に、多くの国王製造人《キング・メーカー》たちが活躍している。また中国を見れば、それより少し前の南宋末に、これまた多くの国王製造人が活躍している。それはまた多くの国々では「紫の衣は血の衣への第一歩」「一段高い座（王座）はさらに高い座（死刑台）への第一歩」である時代でもあった。

では尊氏は中国の国王製造人たちの思想と行動に影響されたのであろうか、これは興味深い問題である。過去のある歴史家は、彼を、中国思想の悪影響をうけ、日本の伝統を忘れた逆臣と定義している。もちろんこういった見方は無意味であろうが、彼の思想と行動に中国の影響が皆無であったか否かとなると、これは非常にわかりにくい問題であろう。東国の武士団には、実朝の渡宋計画に見られるように、非常に奇妙な中国憧《しょう》憬《けい》があったことは事実である。しかしこれはおそらく彼らに潜在する京都への文化的な劣等感が、逆に、京都を跳び越した中国憧憬という形になったと見るべきで、それが彼らの思想・行動の基準となったとは見るべきではあるまい。

言うまでもなく尊氏の行き方には、それに先行する模範的原型ともいうべきものが、あったはずである。そしてそれは鎌倉幕府以外にありえない。いわば彗星《すいせい》の如くに京都という中央政界に現われるまでの彼は、『神皇正統記』のやや皮肉な記述によれば、その出身は「……義時等が世となりて、源氏の号ある勇士には心をおきければにや、おしすゑたるやうなりしに、これは外孫なれば、取立て領ずる所などもあまたはからひおき、代々になるまでへだてなくてのみありき」であって、さらにその一家は「実朝公八幡宮に拝賀せし日も、地下前駈《じげぜんく》二十人の中に相加れり。たとひ頼朝が後胤《こういん》なりとも、今さら登用すべしともおぼえず、いはむや、ひさしき家人《けにん》なり……」にすぎなかった。従って、この尊氏が自己の行き方に先例を求めるとすれば、それは鎌倉幕府でしかない。そしてこの幕府こそ、実朝の死以降は一貫して「将軍製造人」であった。天皇製造人が出現する前に「将軍製造人」がおり、彼が考えた幕府・朝廷の関係は、おそらく「北条家の幕府」と「製造された将軍」との関係であったろう。

製造人はあくまでも製造人であって、本人自らが製造された「もの」になるのではない。この場合、製造人は、日本であれ中国であれ西欧であれ、まず製造すべきものの素材の吟味からはじめるのは当然である。鎌倉幕府の「将軍製造人」は、将軍を製造するにあたって、その候補者をさまざまな点から吟味し、最も適格なものを選んだのは当然であった。

天皇の製造人としての尊氏も、同じような態度をとったことは、当然であった。そして彼が、あくまでも適格と考えていたのは実は南朝であって北朝ではない。元来彼は、北朝＝北条側を離れて南朝側に立った人間である。そしてこれが、彼が生涯、南朝側か北朝側かわからない態度をとりつづけ――この見方には異論があると思うが、そして足利幕府が、最終的には北朝による南朝の大部分の吸収合併という形で事態を収拾したのも、ここに原因があったと思われる。

南北朝の争いは、その実態は武士団相互の土地争いであって、南朝といい北朝といっても、ただ土地取得のため彼らが掲げた旗幟《はたじるし》にすぎない、という解説は、では、なぜ後期天皇制が創立されたかという問の解答にはならない。前からしばしば引用した当時の武士たちの言動から考えれば、武士団が自らの手で天皇制を廃止したとて、それは少しも不思議でなく、世界の多くの歴史を見れば、通常、それが普通の帰結のはずである。それがむしろ逆になり、「足利殿ミヅカラノ為ニタテ置キマヰラセラレシ所ニテ、マサシキ皇統トモ申ガタケレバ」といわれないために、南北朝合併という形をとって逆に後期天皇制確立へと進んで行った理由は、どこに求めるべきであろうか。

そこには、天皇制の存続を当然の前提とする、不知不識の全日本人的合意があった、と見るべきであろう。そしてその合意の別の現われ方を私は「下剋上」と見る。天皇制と下剋上は、一つの共通意識の表と裏であろう。そしてこの意識は、他の国々の「国王製造人」の意識とは非常に違うように私は思う。だがこれについては後述する。

白石はもちろんこの違いについては何も触れていない。だが少なくとも彼は、後期天皇制を「造られたもの」と規定し、「天皇製造人」という言葉は使わなかったにせよ、そういう言葉で表わした同じ意味内容の記述をしている。しかしこういった分析とそれに基づく探究は、彼の後、さらにその方向へと進められることなく終った。

いわば、後の皇国史観の基本となる考え方が支配的になり、それは、天皇制を「造られたもの」と規定せずに、後期天皇制をも神話時代まで遡《さかのぼ》らせてしまって、この探究を打ち切らせてしまった。この点は戦後になっても同じで、これの裏が出て――いわば「裏返し皇国史観」となってしまった。それは、本多勝一氏のように、天皇制とニューギニア高地人を対比するという結果まで招いたわけである。この考え方の背後に、天皇制は、神話時代＝未開時代から一系相承でつづいて来たものという皇国史観の前提があることは言うまでもない。

これは恐るべき無知というべきであろう。天皇制は確かに中国と密接な関連がある。

それについては『文藝春秋』の「日本人と中国人」で言及したから、ここでは問題をほぼ日本国内に限るが、しかしいずれにせよ、後期天皇制とニューギニア高地人の間には、あらゆる面で関連性は認められないであろう。それを無造作に関連づけることは結局、何の疑いもなく後期天皇制を神話時代＝未開時代へ遡行《そこう》させているにすぎず、それは結局前述のように裏返しの皇国史観にすぎないわけだが、こういう謬見《びゅうけん》を排して、白石の見方を起点とすれば、そこに当然、次の問題が出てくるはずである。

すなわち、天皇制は足利尊氏が創った——という白石の見方が正しいなら、私は正しいと思うが、天皇制を探究するにあたって、この「天皇製造人」の思想と行動およびその底にあった意識の研究が第一に来るはずである。これを無視した天皇制論議は、それ自体が無意味であろう。そして第二に、作られるものの素材が探究されねばならず、第三に、その二つの作用から造り出されるものの祖型が何であったかが探究されねばならないであろう。

以上の点において、今までのべてきた「頼朝の三原則」「泰時の則天皇去私」、後醍醐帝の「文保の御和談の破棄」「神皇正統記」「北朝正統記＝太子を戒むるの書」等がすべて探究されねばならぬわけだが、ここで、天皇制を「製造した」最も大きな要因、すなわち「下剋上」へと進まねばならない。

秩序としての「下剋上」

下剋上という考え方は、言うまでもなく、上下という関係を前提にしない限り出てこない。下剋上と共和制とは全く相いれない考え方であると共に、下剋上と革命もまた相いれないであろう。天皇制は下剋上がなければ、存続しえないし、下剋上は天皇制もしくは天皇思想なしでは存立しえない。

国王製造人《キング・メーカー》はキングを作る。作られた者は「人形」であるから、これが自分の意志で動き出せば排除してしまって、また別の王を製造する。時にはそれが頻々と繰りかえされ、流血の惨事を伴うことは、さまざまな史書に記されているから例示する必要はあるまい。

ところが足利幕府の行き方はこれと違って、「上」を剋しつつ一方では「上」を強化する——というより「剋するため上を護持する」という、非常に興味深い行き方になる。そして幕府が衰えると今度は、大諸侯がこの護持役を引き受けるのである。これが下剋上の本質であろう。

下剋上という言葉がいつごろから使われたか明らかでないが、公文書にも落書にも出てくる時代、いわば公用語にも民間の用語にも使われた時代、すなわち下剋上という考え方・行き方が、すべての人びとに浸透した時代は、建武の中興のころであろう。すなわち大塔宮の令旨に次のようにある。

伊豆国在庁北条遠江前司時政之子孫東夷等、承久以来、採二四海於掌一、奉レ蔑二如朝家一之処、頃年之間、殊高時相模入道之一族、匪レ啻下以二武略芸業一軽中朝威上、剰奉レ左二遷当今皇帝於隠州一、悩二震襟一乱レ国之条、下剋上之至、甚奇怪之間、且為レ加二征伐一、且為レ奉レ成二還幸一、所レ被レ召二集西海道十五箇国内群勢一也、各奉レ帰二帝徳一、早相二催一門之輩一、率二軍勢一、不レ廻二時日一、可レ令レ馳二参戦場一之由、依二大塔二品親王令旨一之状如件

元弘三年二月廿一日　　左少将定恒奉

大山寺衆徒中　　（傍線筆者）

また『神皇正統記』にも「下の上を剋するはきはめたる非道なり」とあり、同時代の

有名な「二条河原の落書」に「下剋上スル成出者、器用ノ堪否沙汰モナク、モル、人ナキ決断所、キツケヌ冠上ノキヌ、持モナラハヌ笏《しゃく》持テ、内裏マシハリ珍シヤ……」とある。当時、いわば、令旨より落書にまで出てくるわけで、文書用語であるとともに、一つの流行語だったのかも知れぬ。

大塔宮も親房もまた落書も、一様に下剋上を非難しているように見えるが、しかし下剋上的な行き方は何も建武年間に始まったわけでもなければ、武士が始めたわけでもない。そしてもし下剋上が絶対に許さるべからざる行為ならば、前に掲げた『神皇正統記』の「陽成帝廃立の項」「……此天皇性悪にして人主の器にたらずみえ給ひければ、摂政なげきて廃立のことさだめられにけり……天下のため大義をおもひてさだめおこなはれける、いとめでたし」における親房の態度は、明らかに矛盾といわねばならぬ。すなわちこの摂政基経の行き方は、キング・メーカーのそれと同じ面があるからである。そして摂関政治自体が、下剋上を基本とする政治形態であり、院政も形を変えた下剋上というべきであろう。

従って、建武年間の特徴といえば、承久の変以降、武士が下剋上の主人公として登場して来たことへの非難、すなわち「数代《すだい》の朝敵」が天皇・公家に対して下剋上することへの非難であっても、下剋上そのものの否定と見るべきではないであろう。

多くの学者は、南北朝・室町時代は一面民衆文化の興隆期であり、それまで京都に集約されていた文化が地方に浸透した時代とも規定しているが、いわば「下剋上思想」も、また武士からさらに一般庶民にまで浸透して行ったわけであろう。そして、天皇家・公家集団は、自分たちの内部的特権と思っていた「下剋上」が一般化し、武士や庶民まで、その特権を自分たちに向かって行使することを、逆に驚いているかに見える。

そこで、下剋上という言葉を、この言葉が前記のように一般化する以前からの「下剋上的状態・秩序」をも含めて定義すれば、それは「下が上に向かって実質的な権力を行使することであっても、下が上を打倒して、自らが上になることではない。従って、下は上に向かって権力を行使しうるために、あくまでも上下の関係を下が維持しようとする一面をもつ関係」というべきであろう。従って下剋上と反乱はあくまでも分けて考えるべきで、反乱は、上が「下剋上」という秩序に従わない場合に起ると考うべきである。上が下に従っている限り反乱は起こらず、下剋上が一つの永続的状態として存続する。

実朝歿後の鎌倉幕府の執権と将軍との関係は、いわば下剋上が永続的状態となった一つの例である、従って、この場合、将軍がもし執権に従わなければ「将軍様御謀叛」となるわけである。

前にも取上げたが、「天皇御謀叛」「聖主之謀叛」という言葉は、天皇が絶対でなく、一つの思想およびそれに基づく秩序が天皇に優先している証拠と言うべきであろうが、この言葉は、天皇が「下剋上」という秩序に従っている限りは、出て来ないのだから、「下剋上」は言うまでもなく、今まで記して来た一つの思想の具体的な現われであって、この思想そのものは、大塔宮も親房も、もっているのである。そして天皇はこの「下剋上」の上限、すなわち上へ上へと進んでいく「剋」の頂点にある存在であって、従って『北朝正統記』で花園院が記したような行き方をしなければ秩序が保持できない、という考え方は、当時、すべての指導者がほぼ潜在的にもっていた考え方と思われる。だがこれについては後述するとして、下剋上的状態の例を一、二あげてみよう。

「天皇↑将軍」という下剋上的状態では、天皇を維持する義務は当然に将軍にある。鎌倉幕府の「将軍↑執権」という秩序では、執権は当然、将軍を維持する義務を負うのと同じである。しかし戦国時代、将軍は権力を喪失したので、天皇家は非常に困窮した。これは事実だが、その話の多くは、どう見ても、誇張があると思われる。もちろん、当時すでに伝説化していた前期天皇制の最盛期の華麗さには程遠かった――特に多くの儀式において。また公家の中には非常に困窮した者もいた——記録で調べると全く困窮していないものもいるが——これらは事実であろう。しかし公家集団から脱落して非常に困窮したものがいたのは、ただ当時のことだけではない。確かに戦国時代は天皇家の困窮は最も甚だしかったといっても、記録で調べた限りでは、即位式のような大儀式を、規定通りに行なう予算がない、といった状態にすぎなかったように見え、天皇家の日常生活の維持が不可能であった状態とは思えない。天皇の筆写した経典を、多くの費用をかけて、二十四カ国に勅使を派遣してそれぞれ神社に納めるというようなことも行なわれているからである。

だが即位の儀式の費用にはこまったようで、明応十年(一五〇一年)後柏原院の即位のときは、幕府に命じても、その費用——米に換算して約五千石(?)——が出ない。そこで諸国の守護大名から上納させようということとなった。言われたものは、みな少しずつ上納した。しかし仲々必要予算まで集まらない。そこで細川家にいって上納させれば、多くの者もこれにならうであろうと考えて、申入れたところ、細川政元は次のように答えたと、『大乗院寺社雑記』に記されている。

> 内裏ニモ即位大礼御儀無益也。さ様儀雖レ行レ之、無二正躰一者ハ王とも不レ存事也。此分ニテ雖二御座候一、愚身ハ国王ト存申者也。然者一切大儀共、末代不相応事也。御沙汰無益旨申。仍諸家公武共ニ尤旨中云々。仍不レ可レ有二御即位御沙汰一、公方拝賀も不レ可レ有旨一決了。末代滅亡之趣也。御用諸国反銭も不レ可二沙汰一旨也。

即位などは必要はない。「……正躰なき者は王とも存ぜざる事なり」。従って、即位の費用など上納するつもりはない。——ごく普通に考えれば、これは当然の主張である。すでに一切の権力を失っている者が、王とはいえまい、それが即位するから費用を出せなどとはおかしな話で、「即位大礼御儀無益也」である。

ところがこういっておきながら、結局、細川政元は即位の費用を献上しているのである。天皇も将軍も、細川政元に命令を下す力は全くない。すべては彼の自由意志から発している。そしてこの「言葉では拒否して、実際には承諾する」ということ、これが典型的な下剋上の行き方、すなわち上からの権力は拒否するが上を維持する義務は当然と考えることであろう。と同時に、この逆、すなわち「言葉では承諾して、実際には拒否する」もまたありうる。その例の方が多いが、しかしいずれの場合も、下が自由意志で上を支配する——経済力による場合でも武力による場合でも——しかし、上を支配する以上、上下の秩序はあくまでも上下の秩序として守り、それを守る義務は下にある。しかし上が下に従わなければ、下は上を排除する権利を留保する、ということが下剋上の本質であろう。もう一度言うが、下剋上は、原則として「下が上になる」のではなく、「上下をそのままにして、下が上を支配する」体制と見るべきである。

これが民衆的な面で行なわれると、一種の共和制に似た形態になってくる。山城の「国一揆」のように、全住民の十五歳から六十歳までのものが集って全体会議を開き、その決議に基づいてすべてを行なう。そしてついに領主畠山氏の部将を撤退させ、総国月行事という機関を設定して、全体会議の決定を法制化しこれを執行するという形にまでなっているのである。ただこういう行き方は、東アジアに共和制の祖型がないために顕在化して定着するに至っていない。また資料が少なくてその実態はよくわからないのが残念である。ただこれは、おそらく下剋上を一方の極限まで進めた形態であろうことは想像できる。

そしてもう一方の極限が天皇であって、この二極限は、いわば「天皇制的・下剋上的・民主主義」という同根から出ているであろう。従って天皇制下の民主主義、という考え方、すなわち「下剋上的平等」とその安全弁としての天皇という考え方は、「一君万民」という言葉で戦前にすでにあったもので、別に戦後の新しい考え方ではない。そしてその時代に「国一揆」的な運動を求めるとすれば「新しい村」かもしれない。

そして一部の日本人が、「一君万民」「下剋上的平等」という目で中国の文化革命を見て、これに強い感動をうけ、非常に近い親近感を抱くのもまた当然のことと思われる。当時の日本人の文化革命への批評を見ると、それは、この対象に自己の基本的な思考図式をそのまま投影しているだけなので、私には、文化革命そのものよりも、これへの日本人の評価の方が興味がある。そして恐らく日本人は、どう外形は変えても、この伝統的思考図式から脱却することはあるまいと思われるほど、それは強固である。

だが「皇国史観」「裏返し皇国史観」からの脱却はそれほど困難とは思われない。というのは、こういった見方は、元来は日本に存在しなかったからである。

天皇家と僧院と寄附集め

いわゆる通説に従えば「僧院」とは最も保守的なところのはずである。この保守性が、時には「生きている化石」を思わせる場合もある。西欧における共和制の伝統は、もちろん天皇制より古く、ブルータス伝説よりさらに古い。ギリシア・ローマの共和制なるものは、文芸復興期の人文学者が、「ペリクレスの時代よ、ああペリクレスの時代よ」と讃美した如くに立派なものではないが、西欧に一つの祖型を提供したことは事実であろう。それが素朴な形で現われれば、アメリカの州議会のあの奇妙なギリシア型の建築になる。そして共和制なるものが、非常に細々とした状態で、また大きく変形しているとはいえ、ずっと生きつづけて来たこともまた事実なのである。読者は意外かもしれないが、実は、それは僧院の中なのである。そしてその代表的な一例をあげれば、ギリシア正教の総本山、俗にいう「アトス僧院共和国」であろう。これは現在も存続する地上の最古の共和国かも知れない。

ここには、九二七年に成文化された「トラゴス」という憲法があり、その憲法に基づいて、各僧院が一名ずつの議員を選出して議会を構成する。この議会が「聖シノード」と呼ばれ、この聖シノードから四人の閣僚が選出される。すなわち一種の議院内閣制である。その閣僚はエピスタートと呼ばれ、任期は一年で、毎年改選される。この四閣僚の「長」いわば首相は、四人の互選で選出され、プロテピスタートと呼ばれるが、これは儀礼的な名称であって、特別な権限はない。というのはすべての政令は、アトス共和国の印章を押さない限り有効でない。ところが面白いことにこの印章が四等分されていて、四人の閣僚が各々その四分の一をもっているから、だれかがその四分の一を押すことを拒否すれば、政令は発布できないからである。同時に発布された政令はすべて「共和国」の印章があればそれで有効なので、「閣僚個人」がその有効を認証するわけではないのである。一方、シノードに選出された議員には任期はない。しかし選出した僧院はいつでもその議員をやめさせて別の議員を選出しうるから、その構成員は絶えず流動している。任期をきめて一斉に選出するという方法がよいか、その選挙区は常に選出議員の任免権をもちうる——すなわち、いつ・だれを・どれだけの期間で選出するかは全く選挙民の自由意志とするか、いずれが良き制度であるかは、簡単には断定できないであろう。

以上は、いわば最も保守的な僧院の中に、古典時代の伝統的な共和制が残っている一例だが、こういう目で、日本の寺院を見てみると、寺院が下剋上的争乱の最先端を行っているようにさえ見えるのである。日本の伝統的秩序は下剋上であるから最も保守的な僧院がそうなるのは当然ではないか、という見方は正しくない。下剋上的秩序と下剋上的争乱乃至は混乱は別であって、この場合もし伝統的といいうるなら、摂関的・院政的・幕府的な「秩序としての下剋上」が、最も整々と僧院に続いていなければ伝統的とはいえないであろう。こういう点で、アトス共和国に相当するものを日本国内で探すとすれば、それが僧院でなく、天皇家すなわち北朝になるのである。北朝は一貫して、秩序としての下剋上を当然のこととして受け入れているのである。

同時に伝統的な儀式を、一種の宗教的義務の如くに忠実に実行し、あるいは実行しようとして、その実施のために側近のものが諸侯をまわって寄附を集めることを、彼らは当然のように考えていた。これは、ある種の宗教団体が、宗教的行事を行なうため、有力な信徒から寄附を集めるのと全く同じように見える。一五七〇年ごろ活躍した山科言《とき》継《つぐ》などは、文字通り、寄附金集め掛りともいうべき存在であった。彼の生涯は寄附集めである。そして、不思議なほどに、よく寄附は集るのだが、一方だれ一人として、主権者であるはずの天皇が、行事を行なうにあたって、地方の諸侯をまわって寄附を集めることを、奇妙とも不思議とも思わないのである。彼は六十歳を越えても寄附集めの旅をつづけた。有力諸侯は気の毒がって、彼が来ると自分の城に泊めてやり、自分の部下に彼の書状をもたせて寄附集めを代行してやったり、自分も寄附したりした。この細部を調べていくと、まことに不思議であって、天皇と諸侯との関係は、到底、中世ヨーロッパの皇帝と諸侯との関係と対比することはできなくなるのである。諸侯はまことに、天皇に対して「忠」でありかつ「親切」なのだが、だれ一人として、天皇を「その命令に服従すべき対象」とは考えていないのである。むしろ「自分は天皇の下にいるから寄附をするのは当然だが、また、下にいるが故に命令される筋合でないし、服従する義務もない」とすることを、当然として少しも疑っていないのである。これがすなわち、下剋上的上下関係の相関的秩序と呼ぶべきものであろう。

アトス共和国は非常に奇妙な形で生き残ってきた。そこは一つの伝統保持の場として、一種、政治の外におくのが当然とされる場所であった。東ローマ帝国もトルコのスルタンも手をつけず、ロシア帝国は外部にあって保護者をもって任じたが干渉しなかった。その後のギリシア王国も軍事政権もこれには手をつけない。後期天皇制の位置は、ややこの状態に似たものを感じさせる。大諸侯たちは、さまざまな態度をとりながらも、またその初期には、これを全く無視し侮蔑する言葉を口にしながらもこれに手をつけず、寄附をしてもそれを存続させようとしながら、それが自分たちを統治し、自分たちに命令することは認めない、それでいて臣従はしているのである。

ただこの場合問題とすべき点は一種の僧官売買《シモニー》であろう。ある時期の法皇庁のシモニーは有名で、これが大きな収入源であった時代もある。しかし、仔細に調べてみると、天皇家が官位を売ったと見られる例はきわめて少ないのである。これは当然であろう。一時期のイギリスの如く、司教区の租税収入の合計が国王の租税収入の五倍にもなったという状態なら、僧官売買は成り立つであろうが、朝廷から官位を買ったところで、その支出に見合う収入があるわけではない。ただ天皇家にも、シモニーに似たことが全くないとは言えない。前述の細川政元が、即位費用を献上した後で、自分が帰依する僧を権僧正に任じてくれと奏請して許されている。こういう例が皆無ではないが、これは「取引」というに価いしないことであって、むしろ、「寄附はするから一言御礼を言ってほしい」ぐらいのところである。

ところが天皇家は、この「一言の御礼」さえ仲々いわないのである。これも上から見た下剋上的秩序からすれば当然のことで、上は下から寄附を受けるのは当然だが、上が下に御礼をいうことはないはずである。北朝は一貫して武士を取引の相手とは考えていない。従って「一言の御礼」すら珍しく、まして「取引」という意味における「僧官売買《シモニー》」は存在しなかったと見るべきであろう。

以上が、だいたい「天皇製造人」足利尊氏の思想と行動の基準だと私は考えている。

●著者略歴

山本七平（やまもと　しちへい）

1921（大正10）年、東京に生まれる。42（昭和17）年、青山学院高等商業学部を卒業。44（昭和19）年太平洋戦争でマニラに上陸。45（昭和20）年フィリピンのカランパン捕虜収容所に将校として収容される。翌年12月31日最後の帰還船で九州、佐世保に到着。戦争中の栄養失調と多くの疾病によって生涯にわたり健康をそこなうことになる。58（昭和33）年、山本書店を創立。山本書店主として主に聖書関係の出版物の刊行を続けるかたわら、評論家としても活躍。その日本人論は今も日本人の心をとらえている。91（平成３）年永眠。

〈著書〉『私の中の日本軍〈上・下〉』『「空気」の研究』『「あたりまえ」の研究』『存亡の条件』『「常識」の研究』『「常識」の落とし穴』『論語の読み方』『昭和天皇の研究』『勤勉の哲学』『日本的革命の哲学』『日本人とは何か。〈上・下〉』『日本資本主義の精神』など多数有り。

【新装版】山本七平の日本の歴史〈上〉

2015年１月19日　第１刷発行

著　者　山本七平
発行者　唐津　隆
発行所　株式会社ビジネス社
〒162-0805 東京都新宿区矢来町114番地
神楽坂高橋ビル5階
電話 03（5227）1602　FAX 03（5227）1603
http://www.business-sha.co.jp
〈編集担当〉本田朋子　〈販売担当〉山口健志

印刷・製本／株式会社廣済堂
乱丁，落丁本はおとりかえいたします。
ISBN978-4-8284-1791-2